LIBRO 1

CON ILUSTRACIONES, EXPLICADO VERSO POR VERSO CON REVELACIÓN

INTRODUCCIÓN

El libro de los Hechos fue escrito por el apóstol Lucas alrededor del primer encarcelamiento, como lo indica el relato que termina el libro. El mismo relata los hechos de los primeros discípulos entre los años transcurridos del treinta y tres al sesenta y tres de nuestra era.

Durante este periodo reinaron en Roma cuatro emperadores. Tiberio, Calígula, Claudio y Nerón.

CAPÍTULO 1

Versos 1-3; "En el primer tratado, oh Teófilo, hablé acerca de todas las cosas que Jesús comenzó a hacer y enseñar, hasta el día en que fue recibido arriba, después de haber dado mandamientos por el Espíritu Santo a los apóstoles que había escogido; a quienes también, después de haber padecido, se presentó vivo con muchas pruebas indubitables, apareciéndoseles durante cuarenta días y hablándoles acerca del reino de Dios."

El primer tratado se trata del Evangelio de Lucas, en el cual se dan detalles claras de la vida y padecimientos de nuestro Señor Jesucristo.

Entendemos que Lucas fue discípulo de Pablo y que no pertenecía a los doce apóstoles originales. Sus escritos fueron inspirados por el Espíritu Santo.

No sabemos a ciencia cierta quién era Teófilo, pero podemos imaginar que era un discípulo eminente de Pablo y de Lucas.

Habiendo dado detalles precisos de la muerte y resurrección del Señor en su evangelio, ahora procede a dar detalles de lo sucedido en los últimos días con sus discípulos y las instrucciones que les dio antes de ser levantado al cielo.

Versos 4-5; *"Y estando juntos les mandó que no se fueran de Jerusalén, sino que esperasen la promesa del Padre, las cual, les dijo, oísteis de mí. Porque Juan ciertamente bautizó con agua, mas vosotros seréis bautizados con el Espíritu Santo dentro de no muchos días."*

Aparentemente los discípulos pesaban irse de Jerusalén a cumplir la gran comisión que el Señor les había encomendado, sin embargo debían esperar en Jerusalén la venida del Espíritu Santo, quien les engendraría un nuevo espíritu salido del mismo corazón del Padre, como lo indica la Palabra.

"Os daré un corazón nuevo, y pondré espíritu nuevo dentro de vosotros; y quitaré de vuestra carne el corazón de piedra, y os daré un corazón de carne. Y pondré dentro de vosotros mi Espíritu, y haré que andéis en mis estatutos, y guardéis mis preceptos, y los pongáis por obra" Ezequiel 36:26-27.

Juan 1:12; "Mas a todos los que le recibieron, a los que creen en su nombre, les dio potestad de ser hechos hijos de Dios; Los cuales no son engendrados de sangre, ni de voluntad de carne, ni de voluntad de varón, sino de Dios."

Jesús dijo en Juan 7:39 que el Espíritu Santo no había venido en su misión especial porque Jesús aún no había sido glorificado. Por eso entendemos que nadie había nacido de nuevo antes del día de Pentecostés.

Todos los que morían; los patriarcas y los israelitas que eran beneficiarios de los pactos del Antiguo Testamento, iban al Seno de Abraham, y no al cielo, como los del Nuevo Testamento.

Verso 6; *"Entonces los que se habían reunido le preguntaron, diciendo: Señor, ¿restaurarás el reino de Israel en este tiempo?"*

Notamos la condición de muerte espiritual de los reunidos. Ellos no entendían las cosas espirituales; estaban dominados por sus sentidos, a pesar de haber estado con el Señor durante tres años.

Así tampoco entienden los que no han recibido a Cristo. Ellos son los verdaderos "Zombies". Ellos son los que teniendo nombre de vivos, están muertos a las cosas espirituales.

Versos 7-8; "Y les dijo: No os toca a vosotros saber los tiempos y las sazones, que el Padre puso en su sola potestad; pero recibiréis poder, cuando haya venido sobre vosotros el Espíritu Santo, y me seréis testigos en Jerusalén, en toda Judea, en Samaria, y hasta lo último de la tierra."

Lo que los discípulos deseaban saber; la liberación de los judíos del yugo romano; estaba escondido en los consejos divinos. Ellos ignoraban que la caída del poderoso imperio se lograría por la predicación del evangelio que se les había encomendado.

El Señor les dice que muy pronto recibirán el poder trascendental que los libertaría de un poder superior al yugo del imperio romano, el yugo de la esclavitud a Satanás.

Versos 9-11; "Y habiendo dicho estas cosas, viéndolo ellos, fue alzado, y le recibió una nube que le ocultó de sus ojos. Y estando ellos con los ojos puestos en el cielo, entretanto que él se iba, he aquí se pusieron junto a ellos dos varones con vestiduras blancas, los cuales también les dijeron: Varones galileos, ¿por qué estáis mirando al cielo? Este mismo Jesús que ha sido tomado de vosotros al cielo, así vendrá como le habéis visto ir al cielo:"

Jesús había resucitado con su cuerpo de carne y hueso, aunque inmortal. Él había comido con ellos. Maravillados le vieron ascender al cielo, rodeado de una nube, la cual se cree que eran las almas de los habitantes del Seno de Abrahán, los santos del Antiguo Testamento que habían confiado en la sangre de los sacrificios de la vieja dispensación.

Aquella pudo haber sido la cautividad que Jesús llevó al cielo, como dice Efesios 4:8.

Los ángeles le aseguran que el mismo Jesús que ellos han visto subir al cielo, será el que regresará de nuevo a terminar su obra, la expulsión del diablo, el anticristo y el falso profeta, y a reinar en el Milenio de paz.

Versos 12-14; "Entonces volvieron a Jerusalén, desde el monte que se llama del Olivar, el cual está cerca de Jerusalén, camino de un día de reposo.

"Y entrados subieron al aposento alto, donde moraban Pedro y Jacobo, Juan, Andrés, Felipe, Tomás, Bartolomé, Mateo, Jacobo hijo de Alfeo, Simón el Zelote y Judas hermano de Jacobo. Todos éstos perseveraban unánimes en oración y ruego, con las mujeres, y con María la madre de Jesús, y con sus hermanos."

Note que Jesús fue levantado al cielo desde el Monte de los Olivos. Esto es muy sugestivo, pues en Ezequiel 11: 23 leemos que la gloria de Jehová había abandonado el templo a causa del pecado de los judíos, y había establecido su Trono de Juicio en el Monte de los Olivos, hacía más de quinientos años.

En Lucas 22: 7-13, leemos que el aposento alto estaba a la entrada de la ciudad. Este era un salón en el cual cabían más de cien personas. Los discípulos se habían refugiado en este lugar por miedo a los judíos. Es interesante ver que ésta es la última vez que se nombra a la madre de Jesús en las Escrituras.

Versos 16-20; "En aquellos días Pedro se levantó en medio de los hermanos (y los reunidos eran como ciento veinte en número), y dijo: Varones hermanos, era necesario que se cumpliese la Escritura en que el Espíritu Santo habló antes por boca de David acerca de Judas, que fue guía de los que prendieron a Jesús, y era contado con nosotros, y tenía parte en este ministerio.

"Este, pues, con el salario de su iniquidad adquirió un campo, y cayendo de cabeza, se reventó por la mitad, y todas sus entrañas se derramaron. Y fue notorio a todos los habitantes de Jerusalén, de tal manera que aquel campo se llama en su propia lengua, Acéldama, que quiere decir, Campo de Sangre. Porque está escrito en el libro de los Salmos: Sea hecha desierta su habitación, Y no haya quien more en ella; Tome otro su oficio".

Pedro, el líder de los discípulos, quiere mantener al grupo unido. El relata el triste fin del Judas. El precio de su traición fue usado para comprar un campo para sepultar a los gentiles. Citando la Escritura, les hizo ver que otro debía ser elegido para tomar el lugar de Judas.

Versos 21-22: " Es necesario, pues, que de estos hombres que han estado junto con nosotros todo el tiempo que el Señor Jesús entraba y salía entre nosotros, comenzando desde el bautismo de Juan hasta el día en que de entre nosotros fue recibido arriba, uno sea hecho testigo con nosotros, de su resurrección."

Su argumento era que debía elegirse uno que fuera testigo de la resurrección de Señor. Ese era el requisito para pertenecer a los doce primeros discípulos.

Versos 23-26: "Y señalaron a dos: José, llamado Barsabás, que tenía por sobrenombre Justo, y a Matías. Y orando, dijeron: Tú, Señor, que conoces los corazones de todos, muestra cuál de estos dos has escogido, para que tome parte de este ministerio y apostolado, de que cayó Judas por transgresión, para irse a su propio lugar. Y echaron suertes, y la suerte cayó sobre Matías, y fue contado con los once apóstoles."

EL FIN DE JUDAS, EL TRAIDOR

Es interesante notar como aquellos judíos, que no habían nacido de nuevo, se dedicaban a la oración como era la costumbre judaica. En todo el Antiguo Testamento vemos a los Israelitas religiosos orando a Dios. Esta es una de las más preciosas enseñanzas que nos han dejado el Señor y los Patriarcas.

Sin embargo los discípulos, sin conocer la voluntad del Señor, eligieron a Matías, de quien no se vuelve a hablar en las Escrituras. El Señor escogería a Pablo años más tarde para ocupar aquel lugar.

CAPITULO # 2
Año 33

EL TEMPLO DE JERUSALÉN. (Malaquías 3:1

1. "Y cuando se cumplieron los días de Pentecostés, Estaban todos unánimes juntos."
¿Dónde estaban los discípulos? Por desconocer las costumbres judías, hemos pensado que estaban aún en el aposento alto.

En Lev. 23, se nos habla de las fiestas sagradas que debían guardar los israelitas. Eran siete, de las cuales tres eran fiestas solemnes. Del verso 15 al 21, se dan detalles del día de Pentecostés. Era día de Santa Convocación. (Estúdielo).

¿Qué hacían los discípulos a las nueve de la mañana, la hora del sacrificio, en el aposento Alto, cuando era su obligación estar en los atrios del Templo?

En el idioma griego, Templo y casa significan lo mismo: OIKOS. Entendemos que los discípulos, siendo judíos; no estaban dentro de templo, porque al Lugar Santísimo entraba el sumo sacerdote una vez al año a hacer la expiación; y al Lugar Santo, sólo los sacerdotes tenían entrada.

Los atrios estaban cubiertos por un techo, conocido como "La tienda del Sábado", el cual antes había sido quitado, en tiempos de rey Acaz. (2 Reyes 16:18) También había un atrio conocido como el de las mujeres.

Verso 2-3: "Y de repente vino del cielo un estruendo como de viento recio que soplaba, el cual llenó toda la casa donde estaban sentados; y se les aparecieron lenguas repartidas, como de fuego, asentándose sobre cada uno de ellos".

¿Qué estaba sucediendo? El Espíritu Santo había descendido en su ministerio especial al Templo, como dice el capítulo dos de Hageo.

El Espíritu vendría en su misión especial al Templo de Zorobabel; el mismo que había sido reconstruido por Herodes y destruido por los romanos en el año setenta de nuestra era.

Los discípulos estaban sentados en el atrio del Templo junto con los demás judíos. Las mujeres se sentaban en un atrio separado conocido como "el atrio de las mujeres", un lugar separado de los varones. De repente se sintió un estruendo, como de un viento fuerte que llenó todo el Templo.

Los demás judíos miraban atónitos cómo sobre la cabeza de los discípulos se formaban lenguas como de fuego. Ellos no sabían que ellos también habían sido sumergidos en el Espíritu Santo, como Dios lo había prometido en Joel 2:28-32, ochocientos años antes,

Verso 4: "Y fueron todos llenos del Espíritu Santo, y comenzaron a hablar en otras lenguas, según el Espíritu les daba que hablasen".

EL ESPÍRITU SANTO ENTRÓ EN SU MINISTERIO ESPECIAL A FORMAR EL CUERPO DE CRISTO

El Espíritu Santo había hecho su entrada en el Templo, tan realmente como lo fue el nacimiento de Jesús en Belén. El Deseado de las gentes, especialmente de los gentiles, que estaban "sin Dios y sin esperanza en el mundo", (como dice Efesios 2:12), al fin había llegado en Su Ministerio especial a formar el Cuerpo de Cristo, la Iglesia.

Los discípulos de Jesús comenzaron a hablar en diversos idiomas. Ellos habían recibido el poder de lo alto para cumplir su misión de llevar el evangelio a todo el mundo, y de ser testigos del Señor. Ellos y sus seguidores recibieron el don de hablar lenguas humanas y angélicas. Las lenguas humanas les capacitaban para hablar con los hombres; las angélicas, para hablar con Dios en oración.

Verso 5: "Moraban entonces en Jerusalén judíos, varones piadosos, de todas las naciones bajo el cielo".

Los judíos religiosos que estaban viviendo en quince naciones, habían venido a Jerusalén a cumplir con la orden divina de asistir a la fiesta de la Cosecha, o Pentecostés.

Verso 6-14:"Y hecho este estruendo, se juntó la multitud; y estaban confusos, porque cada uno les oía hablar en su propia lengua. Y estaban atónitos y maravillados, diciendo: Mirad, ¿no son galileos todos estos que hablan? ¿Cómo, pues, les oímos nosotros hablar cada uno en nuestra lengua en la que hemos nacido?"

"Partos, Medos, elamitas, y los que habitamos en Mesopotamia, en Judea, en Capadocia; en el Ponto y en Asia, en Frigia, y Panfilia, en Egipto y en las regiones de África más allá de Cirene, y romanos aquí residentes, tanto judíos como prosélitos, cretenses y árabes, les oímos hablar en nuestras lenguas las maravillas de Dios. Y estaban atónitos y perplejos, diciéndose unos a otros: ¿Qué quiere decir esto? Mas otros, burlándose, decían: Están llenos de mosto."

"Entonces Pedro, poniéndose en medio en pie con los once, alzó la voz y les habló diciendo: Varones judíos, y todos los que habitáis en Jerusalén, esto os sea notorio, y oíd mis palabras. Porque estos no están ebrios, como vosotros suponéis, puesto que es la hora tercera del día."

Note que Pedro se puso en pie con los once. Ellos estaban en medio de una gran congregación de judíos y romanos convertidos al judaísmo. Era la hora tercera del día, la hora del sacrificio de la mañana; las nueve de la mañana.

Los sacerdotes debían sacrificar siete corderos de un año, un becerro, y dos carneros. Además un macho cabrío por expiación y dos corderos como ofrenda de paz. (Vea Lev. 23: 18-20).

Versos 16-18: "Mas esto es lo dicho por el profeta Joel: Y en los postreros días, dice Dios, Derramaré de mi Espíritu sobre toda carne, Y vuestros hijos y vuestras hijas profetizarán, Vuestros jóvenes verán visiones, Y vuestros ancianos soñarán sueños; y de cierto sobre mis siervos y sobre mis siervas en aquellos días derramaré de mi Espíritu, y profetizarán."

EL PRIMER SERMÓN DE PEDRO

El profeta Joel había profetizado hacía ochocientos años antes de Cristo, lo que allí estaba sucediendo. Él decía que al final de la Dispensación de la Ley, y el establecimiento de la Dispensación de la Gracia, iba a haber un cambio grande.

Hombres y mujeres, nacidos de nuevo, llenos del Espíritu Santo, predicarían la Palabra de Dios. Los ancianos, como Juan en el Apocalipsis, tendrían visiones y sueños proféticos.

El Espíritu se derramaría sobre toda carne, de los piadosos reunidos el día de Pentecostés, hombres que llevaban en su carne la señal del pacto de Abraham, y de los que recibieran a Cristo.

¿Puede la mujer predicar? Note que Dios no hace distinción entre mujeres y hombres, aún en la época y en una cultura que no reconocía a la mujer. Gracias al Sacrificio de Cristo que le devolvió a la mujer la corona que Eva perdió en la caída.

Sólo los hombres que no han recibido la revelación de la Palabra de Dios, se apegan a pasajes que fueron escritos para aquella época y para cierto lugar, para protección del evangelio de las sacerdotisas paganas; y lo aplican a las mujeres en general causando dolor a las siervas llenas del Espíritu Santo, a quienes el Señor quiere usar, y les tienen, con la ignorancia prevaleciente, las manos atadas y la boca cerrada.

Estos ignorantes, no sólo le hacen daño a la Obra de Dios, sino también detienen el Evangelio, y hieren profundamente el corazón de Dios, recibiendo el castigo divino por su terquedad.

Versos 19-21: "Y daré prodigios arriba en el cielo, Y señales abajo en la tierra, Sangre y fuego, y vapor de humo; El sol se convertirá en tinieblas, Y la luna en sangre, Antes que venga el día del Señor, Grande y manifiesto; Y todo el que invocare el nombre del Señor, será salvo."

El Señor había avisado a los discípulos, en Mateo 24, que cuando vieran a Jerusalén rodeada de ejércitos, escaparan. Estos se refugiaron en Petra, hoy en Jordania.

Josefo, el escritor judío, cuenta que un año antes de la destrucción de Jerusalén por los romanos, se veía el cometa Haley, como una espada encendida, suspendida entre el cielo y la tierra.

Los judíos, que habían estado sin señales de Dios por cuatrocientos años, que perseguían a los creyentes de Jesús, creyeron que había llegado el momento de libertarlos de los romanos; se armaron y decidieron hacerle la guerra al imperio.

De Roma enviaron a Cestio Galo, con sus tropas, los cuales rodearon la ciudad. De pronto, sin causa aparente, se retiraron. Este fue el momento que aprovecharon los cristianos para salir de la ciudad.

Los judíos, al ver esto, se armaron de más valor y atacaron las guarniciones de los romanos con furia. Entonces el César envió al general Tito, en el año setenta, el cual destruyó la ciudad, quemó el Templo, mató ancianos, mujeres y niños, y al resto vendió como esclavos.

El sol; el gobierno, el sanedrín y el senado, fueron destruidos: El gobierno eclesiástico; que había permanecido con el propósito de ofrecer al Cordero de Dios en Sacrificio, se revolcaba en sus sangres. La ciudad entera ardía con fuego. El humo se veía a muchas millas de distancia.

La cortina había caído para la nación israelita, y pasarían mil novecientos setenta y ocho años; en el 1948; que Israel volvió a surgir como nación. Entonces se cumplió la profecía de Isaías 66: 8, que la nación nacería en un día.

Los huesos secos enterrados en el cementerio de las naciones, resucitaron en un día, como lo habla en Ezequiel, caps. 36 y 37.

Aunque muchos enseñan que antes de la Partida de la iglesia va a venir un avivamiento tal que el Espíritu Santo va a salvar hasta los que están en los bares y en el disco, no será así.
Lo que sí viene es el desarrollo desmedido de los musulmanes, y le persecución de la iglesia, de tal manera que el Señor la levantará en el rapto.

Versos 22-24: "Varones israelitas, oíd estas palabras: Jesús nazareno, varón aprobado por Dios entre vosotros con las maravillas, prodigios y señales que Dios hizo entre vosotros por medio de él, como vosotros mismos sabéis; a éste, entregado por el determinado consejo y anticipado conocimiento de Dios, prendisteis y matasteis por manos de inicuos, crucificándole; al cual Dios levantó, sueltos los dolores de la muerte, por cuanto era imposible que fuese retenido por ella".

Con una valentía que nos sorprende, Pedro, el que lleno de miedo había negado al Señor; el que se había escondido con los demás por miedo al Sanedrín, el Senado y los sacerdotes; ahora se levanta lleno del poder de Dios trayendo el mensaje que Dios había puesto en su corazón.

Él explica que todo lo sucedido en la crucifixión y resurrección, había sido planeado por Dios con el fin de redimir al hombre caído. La muerte no podía retener al Autor de la vida.

LA CRUCIFIXIÓN DEL SEÑOR JESUCRISTO

Versos 25-28: "Porque David dice de él: Veía al Señor siempre delante de mí; Porque está a mi diestra, no seré conmovido. Por lo cual mi corazón de alegró, y se gozó mi lengua, Y aún mi carne descansará en esperanza; Porque no dejarás mi alma en el Hades, ni permitirás que tu Santo vea corrupción. Me hiciste conocer los caminos de la vida; Me llenarás de gozo con tu presencia"

David dijo estas palabras en el Salmo 16: 8-11. El recibió la revelación de la promesa hecha Cristo después de la crucifixión.
Allí revela que Jesús descendió al infierno a pagar por el pecado nuestro, pero que no quedó allí.

El pacto entre el Padre y Cristo incluía este triste evento. Un hombre; Adán, había vendido la raza humana al diablo. Este era un contrato legal. La raza humana debía ser redimida, pero no podía ser redimida por un ángel, ni por un hombre.

El hombre era un esclavo del diablo. El ángel es un espíritu. Debía ser alguien mayor que el diablo. Fue esta la razón por la que Dios planeó la Redención.

Jesús, como Dios, no podía rescatar la raza humana, pero Jesús, el cordero sin mancha, preparado desde antes de la fundación del mundo, sí.

Jesucristo Dios no podía sustituir al hombre en el infierno y pagar el precio, pero Jesucristo hombre, podía. Fue por eso que vemos que sufrió más en el huerto de Getsemaní que en la cruz. Él había participado de la naturaleza humana del hombre, no de la espiritual.

En el huerto tuvo que aceptar que la naturaleza del hombre caído penetrara en su espíritu, y hubiera preferido no hacerlo, pero no había otro camino. En la cruz le oímos clamar: "Dios mío, ¿Por qué me has desamparado?" Esto era necesario, porque él no podía morir si no lo hacía.

Hebreos 2:14-15 dice: "Así que por cuanto los hijos participaron de carne y sangre, él participó de lo mismo, para destruir por medio de la muerte al que tenía el imperio de la muerte, esto es, al diablo, y librar a todos los que por el temor de la muerte estaban durante toda la vida sujetos al yugo de servidumbre."

En Lucas 11:21; Jesús le dijo a los judíos que le acusaban; "Cuando el hombre fuerte, (Satanás), guarda su palacio (el infierno), en paz está lo que posee. Pero cuando viene otro más fuerte que él, (Cristo), y le vence, le quita las armas en que confiaba, y reparte el botín."

En otra ocasión los judíos le pidieron señales a Jesús. Este les dijo que la señal era la de Jonás. Tres días y tres noches en el vientre del pez. Así él estaría tres días y tres noches en el vientre de la tierra.

Jonás estuvo luchando en el vientre del pez con los jugos gástricos que trataban de triturarlo y disolverlo. Si desea estudiar más acerca de este tema, estudie el Salmo 88 y Efesios 4: 8-9.

Versos 29-31: "Varones hermanos, se os puede decir libremente del patriarca David, que murió y fue sepultado, y su sepulcro está con nosotros hasta el día de hoy. Pero siendo profeta, y sabiendo que con juramento Dios le había jurado que de su descendencia, en cuanto a la carne, levantaría al Cristo para que se sentase en su trono, viéndolo antes, habló de la resurrección de Cristo, que su alma no fue dejada en el Hades, ni su carne vio corrupción."

La tumba de David estaba en el terreno del Templo. Hoy se cree que está en la mezquita de Omar. Sin embargo, Efesios dice que Jesús llevó cautiva la cautividad con él al cielo. Estos eran lo que estaban en el Seno de Abraham en el centro de la tierra, desde Abel al buen ladrón.

La nube que envolvió a Cristo pueden haber sido aquellos santos del Antiguo Testamento cuando eran llevados al cielo. Allí espera hoy la esposa, el cuerpo de Moisés, para unirse al Cuerpo de Cristo. Esto es lo que constituye las Bodas del Cordero; (Efesios 4:8, Mateo 27:52, Jeremías 3: 6-14, Oseas 2:19, Apocalipsis 19.)

Versos 32-35: "A este Jesús resucitó Dios, de lo cual todos nosotros somos testigos. Así que exaltado por la diestra de Dios, y habiendo recibido del Padre la promesa del Espíritu Santo, ha derramado esto que vosotros veis y oís. Porque David no subió a los cielos; pero él mismo dice: Dijo el Señor a mi Señor: Siéntate a mi diestra, Hasta que ponga a tus enemigos por estrado de tus pies".

El Señor está sentado a la diestra del Padre, esperando que su enemigos sean puestos por estrado de Sus pies. Los pies de Cristo es la Iglesia. Esta cada día está derrotando los enemigos de Cristo, especialmente el egoísmo.

Verso 36: "Sepa, pues, ciertísimamente toda la casa de Israel, que a este Jesús a quien vosotros crucificasteis, Dios le ha hecho Señor y Cristo".

Jesús es Mesías para los Israelitas, y Señor para los gentiles. Su trabajo de Señor es de mucha importancia para la Iglesia. Él es el Shaddai, el Señor más que suficiente. El que suple el pan, la paz, la salud, la prosperidad y la vida eterna. Él es el Gran Pastor de las ovejas.

Verso 37: "Al oír esto, se compungieron de corazón, y dijeron a Pedro y a los otros apóstoles: Varones hermanos, ¿Qué haremos?"

Note que ya estos han sido sumergidos en el Espíritu Santo, por eso las palabras de Pedro hieren su conciencia. La dispensación de la Gracia ha hecho su entrada triunfal en el pueblo.

La diferencia entre la Palabra de Dios y las huecas filosofías, y las psicologías de los que creen que saben mucho, estriba en que mientras estas no pasan más allá del proceso pensante, la Palabra penetra al espíritu del ser humano.

No estudiamos la Palabra para saber mucho, sino para que lo que retengamos nos domine y nos transforme. Cuando la Palabra nos compunge, debemos preguntar; ¿qué haremos?

Versos 38-40: "Pedro les dijo: Arrepentíos, y bautícese cada uno de vosotros en el nombre de Jesucristo para perdón de los pecados; y recibiréis el don del Espíritu Santo.

Porque para vosotros es la promesa, y para vuestros hijos, y para todos los que están lejos; para cuantos el Señor llamare. Y con otras muchas palabras testificaba y les exhortaba, diciendo: Sed salvos de esta perversa generación."

Pedro les exhortaba para que se arrepintieran de sus pecados. ¿Qué es arrepentirse? Cambiar de camino, cambiar de conducta. Ellos debían bautizarse en el nombre de Jesús, para dar testimonio público de que habían recibido a Cristo, y que habían nacido de nuevo.

El consejo es el mismo de hoy: Sed salvos de esta perversa generación. ¿Será que la generación de hoy es más perversa que la de aquel tiempo? No. Todas las generaciones han sido y son perversas. El hombre que no tiene a Cristo tiene la muerte espiritual en su espíritu. Este es el terreno donde germina todo pecado. Ellos son los verdaderos Zombies. Muertos que caminan.

TRES MIL BAUTIZADOS EL DÍA DE PENTECOSTÉS: AL OTRO DÍA CINCO MIL

Versos 41-43: "Así que los que recibieron su palabra fueron bautizados; y se añadieron aquel día como tres mil personas. Y perseveraban en la doctrina de los apóstoles, en la comunión unos con otros, en el partimiento del pan y en las oraciones. Y sobrevino temor a toda persona; y muchas maravillas y señales eran hechas por los apóstoles."

Tres mil personas, de las que estaban reunidas escuchando el mensaje, los que habían sido sumergidos en el Espíritu Santo, fueron bautizados y se añadieron a la Iglesia.

Todos perseveraban unidos orando y participando de la santa cena. El pueblo se maravillaba y sentía temor al ver las maravillas y señales que eran hechas por medio de los apóstoles.
El pueblo completo se hubiera convertido a Cristo, pero esto era una amenaza para los sacerdotes, quienes veían sus finanzas en peligro.

Versos 44-45: "Todos los que habían creído estaban juntos, y tenían en común todas las cosas; y vendían sus propiedades y sus bienes, y lo repartían a todos según la necesidad de cada uno."

¿Recuerda al joven rico de Lucas 18:18-30? El Señor le dijo que repartiera sus riquezas a los pobres, y él no quiso hacerlo porque era muy rico. Este era Bernabé. Él fue quien comenzó aquella costumbre. ¿Por qué el Señor permitió que lo hicieran en aquel tiempo, y hoy no lo hace? Porque dentro de treinta y seis años Jerusalén sería totalmente destruida.

Verso 46-47: "Y perseverando unánimes cada día en el templo, y partiendo el pan en las casas, comían juntos con alegría y sencillez de corazón, alabando a Dios, y teniendo favor con todo el pueblo. Y el Señor añadía cada día a la iglesia los que habían de ser salvos."

¿Se imagina la lupa que estaba usando el Sanedrín, el Senado y el gobierno eclesiástico judío para mirar aquel "problema", aquel "nuevo partido político" que se estaba formando debajo de sus propias narices? El imperio romano también estaba muy atento.

Note que lo primero que el Espíritu Santo hizo en la recién nacida Iglesia, fue hacer que se divorciara de su egoísmo. Es cuando el amor se manifiesta en la Iglesia en obediencia a la Palabra, que Dios añade los que han de ser salvos.

Como eran judíos, el lugar de reunión de la multitud era el Templo.

CAPITULO # 3

Versos 1-5: "Pedro y Juan subían al templo a la hora novena, la de la oración. Y era traído un hombre cojo de nacimiento, a quien ponían cada día a la puerta del templo que se llama la Hermosa, para que pidiese limosna de los que entraban en el templo.

Este, cuando vio a Pedro y a Juan que iban a entrar en el templo, le rogaba que le diesen limosna. Pedro, con Juan, fijando en él los ojos, les dijo: Míranos. Entonces él les estuvo atento, esperando recibir de ellos algo."

Los apóstoles, Pedro y Juan, iban a orar a la hora novena, las tres de la tarde, la del sacrificio de la tarde. ¿Dónde? Al templo. El hombre que pedía limosna había nacido cojo. Sus amigos o familiares lo llevaban a pedir limosna a la puerta del templo que se llamaba, la Hermosa.

Robar es pecado que da vergüenza, pero pedir cuando no podemos ganar el sustento no es pecado, por lo tanto no debe ser motivo de vergüenza.

Verso 6: "Mas Pedro dijo: No tengo plata ni oro, pero lo que tengo te doy; en el nombre de Jesucristo de Nazareth, levántate y anda."

Pedro y Juan no tenían riquezas materiales. Antes de volverse discípulos de Jesús tal vez eran dueños de algunos barcos pesqueros, pero lo dejaron todo por seguir a Cristo.

Aunque ellos no tenían las riquezas que algunos ministros tienen hoy, tenían algo de muchísimo más valor que el oro y la plata. Ellos tenían PODER.

Ellos habían recibido el poder de Abogado de usar el Nombre de Jesús, que Él les había conferido en Marcos 16:17-18.

"Y estas señales seguirán a los que creen, (creyentes): En mi nombre echarán fuera demonios; hablarán nuevas lenguas; tomarán en las manos serpientes, y si bebieren cosa mortífera, no les hará daño; sobre los enfermos pondrán sus manos y sanarán."

Es maravilloso reconocer que todos los creyentes reciben este poder, porque Dios no tiene hijos favoritos. Es cierto que mientras somos bebés, alimentados de la leche, no nos atrevemos a actuar, y dependemos de otros creyendo que tienen un poder especial.

"EN EL NOMBRE DE JESUCRISTO DE NAZARET, LEVÁNTATE Y ANDA"

Todos hemos recibido el poder de Abogado para actuar en el Nombre del Señor. Ese Nombre es respaldado por el Trono de Dios.

Note que Jesús recibió el poder del Nombre después que resucitó de entre los muertos. Ese Nombre había sido investido de toda potestad en el cielo y en la tierra. ¿Para qué necesitaba Jesús el poder investido en el Nombre, si El sustenta el universo por la palabra de su poder?

Para la Iglesia. Cuando el creyente se establece en el conocimiento del poder del Nombre en sus labios, vive en victoria. Se acabaron los miedos, las perplejidades y las dudas.

Versos 7-8: "Y tomándole por la mano derecha le levantó; y al momento se le afirmaron los pies y los tobillos; y saltando, se puso en pie y anduvo; y entró con ellos en el templo, andando, y saltando, y alabando a Dios"

¡Qué precioso tipo de los gentiles es este cojo! Esta era la condición de los gentiles. "Sin esperanza y sin Dios en el mundo." Su condición era heredada, como la del cojo. El hombre no se pierde por lo que hace, sino por lo que es: Un hijo del diablo por herencia.

Note que Pedro tuvo que tomar al cojo por la mano y ayudarlo a levantarse. Él no sabía cómo hacerlo. Muchos creen que los inconversos escuchan el mensaje y se salvan. El problema es que él no oye. Él tiene tapones en los oídos y el mensaje le resbala. Los que oyen y se convierten por el mensaje son los que han sido despertados antes

En necesario preguntarles si creen en Cristo. ¿Qué hispano no ha oído hablar de Cristo y de la virgen? Luego le pregunta si cree que Cristo murió en la cruz, si murió por nuestros pecados.

Si resucitó de entre los muertos; si le quiere recibir como Salvador. Si acepta, le pide que repita con usted la confesión de salvación. (Romanos 10:9-10).

Esto debe hacerse de persona a persona. Una vez que ha recibido a Cristo, entenderá el mensaje.
Puede que no lo vea más, puede que se hunda más en el pecado, pero puede estar seguro que la semilla de la Palabra sembrada en el corazón germinará y dará fruto. "Yo sembré, Apolos regó, pero el crecimiento lo da Dios."

El cojo entró dando saltos alabando a Dios. Así la nueva criatura se alegra y se goza cuando es libertado de la potestad de las tinieblas y trasladado al reino de la luz. Por eso no puede esperar para ir a la congregación.

Versos 9-11: "Y todo el pueblo le vio andar y alabar a Dios. Y le reconocían que era el se sentaba a pedir limosna a la puerta del templo, la Hermosa; y se llenaron de asombro y espanto por lo que le había sucedido. Y teniendo asidos a Pedro y a Juan el cojo que había sido sanado, todo el pueblo, atónito, concurrió a ellos al pórtico que se llama de Salomón."

Esta era un milagro muy grande. Todos conocían al cojo. Sabían que no podía valerse por sí mismo; no podía ganarse el pan. Ahora le ven saltando y alabando a Dios y están sorprendidos. El cojo está aún agarrado de Pedro y Juan.

Verso 12-15: "Viendo esto Pedro, respondió al pueblo: Varones israelitas, ¿Por qué os maravilláis de esto? ¿O por qué ponéis los ojos en nosotros, como si por nuestro poder o piedad hubiésemos hecho andar a éste?

El Dios de Abraham, de Isaac y de Jacob, el Dios de nuestros padres, ha glorificado a su Hijo Jesús, a quién vosotros entregasteis y negasteis delante de Pilato, cuando éste había resuelto ponerle en libertad.

Mas vosotros negasteis al Santo y Justo, y pedisteis que se os diese un homicida, y matasteis al Autor de la vida, a quien Dios ha resucitado de entre los muertos, de lo cual todos somos testigos."

Aquí vemos que la sal de la Palabra le va a picar al pueblo judío que se había maravillado por la sanidad del cojo. Pedro les recuerda que no es por su poder, sino por el poder del Señor que se ha operado el milagro.

Entonces le acusa por haber matado a Jesús; de haber pedido a Barrabás; de haber negado al Santo y Justo, (él había hecho lo mismo).

Verso 16-18: "Y por la fe en su nombre a éste, que vosotros veis y conocéis, le ha confirmado su nombre; y la fe que es por él ha dado a éste ésta completa sanidad en presencia de todos vosotros. Mas ahora, hermanos, sea que por ignorancia lo habéis hecho, como también vuestros gobernantes. Pero Dios ha cumplido así lo que había anunciado antes por boca de todos los profetas, que su Cristo había de padecer."

Entonces Pedro les explica que el cojo está sano por la fe en el Nombre de Jesús. Le recuerda al pueblo las profecías acerca de los sufrimientos de Cristo registrados en la Ley y en parte los excusa por la ignorancia del pueblo.

Aquellos gobernantes están muy atentos a todo lo que sucede con los apóstoles. Ellos son como el águila que mira atentamente al suelo en busca de una presa a la cual devorar.

Aquí Pedro les da una clave: el Nombre de Jesús. Ellos no pueden arrestar a los apóstoles por el milagro, porque la gente lo vio, pero como veremos más adelante, ese Nombre va a llenarlos de terror. Nos daremos cuenta que a los que la Palabra no convence, se ponen peores.

Versos 19-21: "Así que, arrepentíos y convertíos, para que sean borrados vuestros pecados; para que vengan de la presencia del Señor tiempos de refrigerio, y él envíe a Jesucristo, que os fue antes anunciado; a quien de cierto es necesario que el cielo reciba hasta los tiempos de la restauración de todas las cosas, de que habló Dios por boca de sus santos profetas que han sido desde tiempo antiguo."

Pedro continúa su mensaje de exhortación, inspirado por el Espíritu Santo. El tiempo del refrigerio se refiere al Milenio de paz que seguirá a la venida del Señor a establecer su reino en la tierra.

Los ángeles habían anunciado su retorno el día de la ascensión del Señor. Pedro y los creyentes pensaban que regresaría en su tiempo.

Versos 22-24: "Porque Moisés dijo a los padres: El Señor vuestro Dios os levantará profeta de entre vuestros hermanos, como a mí; a él oiréis en todas las cosas que os hable; y toda alma que no oiga a aquel profeta, será desarraigada del pueblo. Y todos los profetas desde Samuel en adelante, cuantos han hablado, también han anunciado estos días."

Pedro les recuerda que Jesús era el profeta anunciado por Moisés, Samuel y el resto de los profetas del Antiguo Testamento. Aquí hay una amenaza abierta para el que rechaza a Cristo. ¿Qué puede esperar la persona que rechaza el único remedio para su enfermedad?

Versos 25-26: "Vosotros sois los hijos de los profetas, y del pacto que Dios hizo con nuestros padres, diciendo a Abraham: En tu simiente serán benditas todas las familias de la tierra. A vosotros primeramente, Dios, habiendo levantado a su Hijo, lo envió para que os bendijese, a fin de que cada uno se convierta de su maldad."

Él les recuerda el pacto de Abraham. Todos los que estaban presentes llevaban en su carne la señal del pacto. Sólo los gentiles estaban "sin derecho a los pactos y las promesas"; y Dios sólo trabaja por medio de pactos.

Jesús había estado durante tres años y medio bendiciendo a las ovejas descarriadas de Israel, quienes por avaricia se habían olvidado de los levitas que debían haberlos instruido en la Ley, y quedaron sumidos en las tinieblas de la ignorancia.

El vino sólo a las ovejas descarriadas de Israel, durante su ministerio terrenal. Más en la cruz sufrió y pagó el precio por toda la raza humana.

CAPITULO # 4
Año 33

Versos 1-4: *"Hablando ellos al pueblo, vinieron sobre ellos los sacerdotes con el jefe de la guardia del templo y los saduceos, resentidos de que enseñasen al pueblo y anunciasen en Jesús la resurrección de los muertos. Y les echaron mano, y los pusieron en la cárcel hasta el día siguiente, porque ya era tarde. Pero muchos de los que habían oído la palabra, creyeron; y el número de los varones era como cinco mil."*

¡Comenzó la persecución! Los gobernantes y los sacerdotes estaban asustados; tenían miedo de que el pueblo entero se uniera a los apóstoles. ¿Qué harían ellos para subsistir? Lo mejor era pararlos antes que fuera más tarde.

Ellos le tenían temor, no sólo a la resurrección, sino más aun al poder del Nombre, como lo veremos más tarde. Cinco mil más se habían unido a la iglesia. Pensaron que era necesario echarlos en la cárcel, y celebrarles juicio.

Versos 5-7: *"Aconteció al día siguiente, que se reunieron en Jerusalén los gobernantes, los ancianos y los escribas, y el sumo sacerdote Anás, y Caifás, y Juan y Alejandro, y todos los que eran de la familia de los sumos sacerdotes; y poniéndoles en medio, les preguntaron: ¿Con qué potestad, o en qué nombre, habéis hecho esto vosotros?"*

La ley mandaba que hubiera sólo un sumo sacerdote. Había cuatro. Esto era para que el Cesar no pensara que era un rey.

Reunidos todos los gobernantes y sacerdotes llevan a los apóstoles Pedro y Juan a juicio. ¿Con qué poder, o en qué nombre hacían ellos los milagros? Note que ellos, en vez de agradecer que el cojo fuera sanado y pudiera trabajar para ganar su pan, pasan por alto el milagro porque el temor había atenazado su corazón.

Versos 8-10: "Entonces Pedro, lleno del Espíritu Santo, les dijo: Gobernantes del pueblo, y ancianos de Israel: Puesto que hoy se nos interroga acerca del beneficio hecho a un hombre enfermo, de qué manera éste haya sido sanado, sea notorio a todos vosotros, y a todo el pueblo de Israel, que en el nombre de Jesucristo de Nazareth, a quien vosotros crucificasteis y a quien Dios resucitó de los muertos, por él este hombre está en vuestra presencia sano."

Aquí Pedro, lleno del poder del Espíritu Santo, aprovecha la oportunidad gloriosa para traer el mensaje de acusación a los gobernantes por haber asesinado a Cristo, aunque ellos no lo hicieron, lo entregaron a los romanos.

Ya Pedro no tiene miedo. Él les responde que el que sanó al hombre fue el poder del Nombre de Jesucristo. Esa respuesta es un monumento al poder del Nombre.

Versos 11-12: "Este Jesús es la piedra reprobada por vosotros los edificadores, la cual ha venido a ser cabeza del ángulo. Y en ningún otro hay salvación; porque no hay otro nombre bajo el cielo, dado a los hombres, en que podamos ser salvos."

Él les dice que Jesús es la piedra de esquina de donde se comenzaría a edificar la Iglesia. Los judíos la rechazaron, pero los gentiles la recibirían con gozo supremo.

En Mateo 21, Jesús, citando el Salmo 118:22, había dado la parábola de los labradores malvados. Los labradores malvados eran los Israelitas que rechazaron a Jesús. Los que recibieron a Jesús, le hicieron piedra angular de su devoción. Jesús es la piedra angular del templo que es la Iglesia.

Las diversas religiones que hay en el mundo afirman que por sus ídolos se llega al cielo. Ellos dicen que todas las religiones están buscando a Dios.

Los musulmanes, que no adoran ídolos de yeso o metal, adoran a Mahoma, a Hussein su yerno, etc. Todos muertos. Sin embargo su bandera tiene a Sin, el dios luna, y Quium, la estrella Saturno.

Jesús dijo; y aquí lo confirma la Palabra que sólo por medio de Cristo, el hombre es salvo. ¿Por qué? Porque el único que ha resucitado y vive, es Cristo. Los dioses de los paganos son dioses muertos. ¿Cómo un dios muerto puede salvar y dar vida?

"YO SOY EL ÚNICO CAMINO DE REGRESO A LA PRESENCIA DIVINA." (Juan 14:6)

Ni Buda, ni Krishna, ni Mahoma, ni la virgen María han resucitado. El culto a la virgen María surgió de la adoración a Isis la diosa egipcia, quien a su vez es una figura de Astoret, de Asera, de Indrani.

La madre humana del Señor no ha resucitado. Esto lo inventaron en el 1950. Ella se irá en el Rapto junto con Pedro, Juan, y la Iglesia. El único Dios que vive es el Padre, el Hijo Jesús, y el Espíritu Santo.

Verso 13-14: "Entonces viendo el denuedo de Pedro y de Juan, y sabiendo que eran hombres sin letras y del vulgo, se maravillaban; y reconocían que habían estado con Jesús. Y viendo al hombre que había sido sanado, que estaba en pie con ellos no podían decir nada en contra."

Los fariseos habían declarado que los que no habían estudiado la ley con ellos eran malditos, (Juan 7: 49). Sin embargo se maravillan de la sabiduría con que hablan estos dos hombres sin letras. Tuvieron que reconocer que estos habían estado con Jesús. No podían negar el milagro hecho al cojo porque lo estaban viendo con sus ojos.

Note que Jesús no escogió sacerdotes, ni escribas, ni fariseos como discípulos suyos. El escogió a humildes pescadores. Así hoy el Lirio de los valles se deja encontrar de los que saben que tienen una grande necesidad. Los que se creen altos como montañas, no le encuentran.

EL SANEDRÍN Y EL SENADO LES TENÍAN TERROR AL NOMBRE DE JESÚS

Versos 15-18: "Entonces les ordenaron que saliesen del concilio; y conferenciaban entre sí, diciendo: ¿Qué haremos con estos hombres? Porque de cierto, señal manifiesta ha sido hecha por ellos, notoria a todos los que moran en Jerusalén, y no lo podemos negar.

Sin embargo, para que no se divulgue más entre el pueblo, amenacémosles para que no hablen de aquí en adelante a hombre alguno en este nombre. Y llamándolos, les intimaron que en ninguna manera hablasen ni enseñasen en el nombre de Jesús."

El Salmo 2:2, dice que se reunirían para consultar contra el Ungido. Esto se cumplió cuando acordaron tapar la boca de los apóstoles. Así muchos, aún en la iglesia, tapan la boca de los que traen la revelación de la Palabra porque se opone a las ignorancias en que se han apoyado.

Los dirigentes judíos prohibieron terminantemente a los apóstoles hablar a nadie en el Nombre de Jesús.

Versos 19-20: "Mas Pedro y Juan respondieron diciéndoles: Juzgad si es justo delante de Dios obedecer a vosotros antes que a Dios, porque no podemos dejar de decir lo que hemos visto y oído."

Los apóstoles no podían dejar de predicar el evangelio. La orden de Dios es primordial. Cada creyente tiene el sagrado deber de hablar del evangelio de Cristo a toda criatura. Si no lo hace responderá por la sangre de esa persona.

Versos 21-23: "Ellos entonces les amenazaron y les soltaron ni hallando ningún modo de castigarles, por causa del pueblo; porque todos glorificaban a Dios por lo que se había hecho, ya que el hombre en quien se había hecho este milagro de sanidad, tenía más de cuarenta años. Y puestos en libertad, vinieron a los suyos y contaron todo lo que los principales sacerdotes y los ancianos les habían dicho."

Los gobernantes hubieran deseado mantenerlos prisioneros pero temían al pueblo que había sido testigo del milagro que Dios hizo al cojo. Había un gran avivamiento entre el pueblo. Aquellos milagros eran la continuación de los hechos por Jesús antes de su Sacrificio. Los gobernantes civiles y religiosos temblaban al pensar que una nueva religión los iba a dejar sin empleo.

Versos 24-30: "Y ellos, habiéndolo oído, alzaron unánimes la voz a Dios y dijeron: Soberano Señor, tú eres el Dios que hiciste el cielo y la tierra, el mar y todo lo que en ellos hay; que por boca de David tu siervo dijiste: ¿Por qué se amotinan las gentes, Y los pueblos piensan cosas vanas?

Se reunieron los reyes de la tierra, Y los príncipes se juntaron en uno Contra el Señor, y contra su Cristo. Porque verdaderamente se unieron en esta ciudad contra tu santo Hijo Jesús, a quien ungiste, Herodes y Poncio Pilato, con los gentiles y el pueblo de Israel.

Y ahora, Señor, mira sus amenazas, y concede a tus siervos que con todo denuedo hablen tu palabra, mientras extiendes tu mano para que se hagan sanidades y señales y prodigios mediante el nombre de tu santo Hijo Jesús."

Una reunión de oración, donde uno oraba y el resto adoraba a Dios. No estaban todos orando, unos por un lado y otros por otros, como vemos en algunas congregaciones. Todos estaban de acuerdo en esta oración en la cual le dan toda la gloria a Dios y al poder del Nombre.

Nadie tomaba gloria para sí. Nadie pretendía ser mayor que los demás. Los apóstoles reconocían que ellos eran sólo instrumentos en las manos de Dios, quien es el que hacía los milagros y los Prodigios.

El nombre de Jesús no ha perdido ni perderá su poder. Muchos en el día del juicio dirán. "Señor, en tu nombre echamos fuera demonios." El Señor les responderá que no les conoce.

Verso 31: "Cuando hubieron orado, el lugar en que estaban congregados tembló; y todos fueron llenos del Espíritu Santo, y hablaron con denuedo la palabra de Dios.

La respuesta a la oración fue instantánea. El lugar tembló. Esa era la señal a los sentidos de aquellos bebés, a quienes por su infancia espiritual, el Señor les mostraba señales y maravillas para animarlos.

¿Por qué hoy no se ven tantas señales y maravillas? El creyente maduro no necesita ver señales, ni milagros, ni prodigios. Jesús dijo que eran bienaventurados los que no vieron y creyeron.

Si bien es cierto que diariamente vemos al Señor obrando en nuestras vidas y en las de nuestra familia, esos milagros silenciosos que nos afirman en la fe, no necesitamos verlos para creer.

Versos 32-35: "Y la multitud de los que habían creído era de un corazón y un alma; y ninguno decía ser suyo propio lo que poseía, sino que tenían todas las cosas en común. Y con gran poder los apóstoles daban testimonio de la resurrección del Señor Jesús, y abundante gracia era sobre todos ellos.

Así que no había entre ellos ningún necesitado; porque todos los que poseían heredades o casas las vendían y traían el precio de lo vendido, y lo ponían a los pies de los apóstoles; y se repartía a cada uno según su necesidad:"

Note que todos los que habían creído perdieron el apego a las cosas materiales. El reino del amor, echa fuera el reino del egoísmo.

Estos versos lo usan los que propagan el comunismo, pero nos hemos dado cuenta que esto no trabaja, por causa de que los que quieren imponerlo no se han librado de la naturaleza egoísta que está arraigada en sus propios corazones.

Es más; el creyente que no ha renovado su mente con el estudio, la meditación y la actuación en la Palabra, aun trata de explotar a sus hermanos para alimentar el egoísmo del viejo hombre que está en los archivos de su subconsciente.

Solo cuando esos archivos son cambiados y en su lugar entra a dominar el subconsciente la Palabra de Dios, es que se puede vivir una vida desprendida y dependiente del Señor.

Versos 36-37: "Entonces José, a quien los apóstoles pusieron por sobrenombre Bernabé, (Que traducido es Hijo de consolación), levita de natural de Chipre, como tenía una heredad, la vendió y trajo el precio y lo puso a los pies de los apóstoles."

Bernabé dio comienzo a esta costumbre entre los hermanos. Tal vez era el año del jubileo. Cada cincuenta años se celebraba esta fiesta del jubileo. Estudie Lev. 25:8-13. Cristo es nuestro jubileo.

Ahora bien; ¿se imagina usted cuántos pobres, huérfanos y viudas habían en Jerusalén entre los hermanos? Una gran carga y responsabilidad para los apóstoles. Imagínese un campo de refugiados, viviendo en casas de campaña.

Los que vendían sus propiedades también quedaban sin casa y se unían a los hermanos en sus lugares de refugio. Una de la razones porque lo hacían era porque pensaban que Jesús regresaría inmediatamente.

¿Por qué Dios lo permitía? Porque iba a venir la persecución que los esparciría por todo el mundo para que llevaran el evangelio. Todo estaba en el plan divino. Apegados a sus propiedades, no iban a salir tan fácilmente como lo harían un tiempo más tarde.

CAPITULO # 5

Versos 1-2: "Pero cierto hombre llamado Ananías con Zafira su mujer, vendió una heredad, y sustrajo del precio sabiéndolo también su mujer; y trayendo sólo una parte, la puso a los pies de los apóstoles."

En el capítulo anterior vimos un milagro de misericordia.; aquí seremos testigos de uno de juicio. Esta pareja tenía un corazón dividido. Tenían forma de piedad, pero no la sustancia. En fin eran hipócritas. Entre los lirios habían crecido los espinos.

"Y estas señales seguirán a los que creen, (creyentes): En mi nombre echarán fuera demonios; hablarán nuevas lenguas; tomarán en las manos serpientes, y si bebieren cosa mortífera, no les hará daño; sobre los enfermos pondrán sus manos y sanarán."

Es maravilloso reconocer que todos los creyentes reciben este poder, porque Dios no tiene hijos favoritos. Es cierto que mientras somos bebés, alimentados de la leche, no nos atrevemos a actuar, y dependemos de otros creyendo que tienen un poder especial.

EL PECADO DE ANANÍAS Y ZAFIRA

Ellos pensaron engañar a los apóstoles, guardando una parte de lo vendido por si las cosas no resultaban en su favor. Para algunos aquello parecería un acto de prevención y buena administración, pero era una ofensa a la fe y la confianza en Dios. Era la incredulidad vestida de piedad.

Versos 3-4: "Y dijo Pedro: Ananías, ¿por qué llenó Satanás tu corazón para que mintieses al Espíritu Santo y sustrajeses del precio de la heredad? Reteniéndola, ¿no se te quedaba a ti? Y vendida, ¿no estaba en tu poder? ¿Por qué pusiste esto en tu corazón? No has mentido a los hombres, sino a Dios."

Entendemos que la incredulidad es lo que lleva al hombre al infierno. Él no va allí por los pecados que comete, sino por no creer. Al no creer, no puede entrar en el pacto de la Sangre de Cristo, que es el único camino de la salvación.

El pecado de incredulidad en los creyentes es inspirado por el diablo para que el creyente viole el pacto y pase bajo maldición.

Aquí nos damos cuenta que no era obligación vender las propiedades, pero el que lo hacía voluntariamente era alabado por los hermanos, porque suplía la necesidad común. De esto era que Ananías quería participar sin tener que sacrificar todo el dinero. El deseaba la alabanza y la honra.

El pecado del engaño era una violación de autoridad. Ellos pretendían engañar a los hermanos sin darse cuenta que estaban tratando de engañar a Dios.

Versos 5-6: "Al oír estas palabras, cayó y expiró. Y vino gran temor sobre todos los que lo oyeron. Y levantándose los jóvenes, lo envolvieron, y sacándolo, lo sepultaron."

El juicio se cumplió de inmediato. Era violación de autoridad. Dios perdona el pecado contra la santidad, si confesamos a Cristo y nos apartamos, pero el pecado contra la autoridad trae consecuencias inmediatas.

EL JUICIO POR LA MENTIRA DE ANANÍAS

El pecado fue parecido al de Nadab y Abiú, cuando tomaron fuego extraño y entraron al tabernáculo. El fuego salió del arca y los quemó a ellos sin quemarle sus vestidos.

Verso 7-8: "Pasado un lapso como de tres horas, sucedió que entró su mujer, no sabiendo lo que había acontecido. Entonces Pedro le dijo: Dime, ¿vendiste en tanto la heredad? Y ella le dijo: Sí, en tanto."

Zafira no se había enterado de la muerte de su marido. El Señor le dio la oportunidad de arrepentirse pero ella no la aprovechó, sino que voluntariamente cumplió lo acordado con su marido.

Verso 9-11: "Y Pedro le dijo: ¿Por qué convinisteis en tentar al Espíritu del Señor? He aquí a la puerta los pies de los que han sepultado a tu marido, y te sacarán a ti. Al instante ella expiró; y cuando entraron los jóvenes, la hallaron muerta; y la sacaron, y la sepultaron junto a su marido. Y vino gran temor sobre toda la iglesia, y sobre todos los que oyeron estas cosas".

Estos dos juicios fueron permitidos por Dios para establecer la recién nacida Iglesia en el temor del Señor.

El matrimonio se había puesto de acuerdo para mentir a los apóstoles. Ellos ignoraban que les estaban mintiendo, no a ellos, sino al Espíritu Santo que moraba en los apóstoles. La recién nacida Iglesia necesitaba de esta lección. Aprendemos a tener temor de violar la ley del amor con los hermanos.

Muchos hermanos no saben que al tomar la santa cena con los hermanos están sellando un pacto de amor. Es por eso que al no discernir el Cuerpo de Cristo, que es la Iglesia, violan el pacto y pasan bajo maldición y les vienen enfermedades y muerte prematura. Vea 1 Corintios 11:27-31.

Versos 12-16: "Y por la mano de los apóstoles se hacían muchas señales y prodigios en el pueblo; y estaban todos unánimes en el pórtico de Salomón. De los demás, ninguno se atrevía juntarse con ellos; mas el pueblo los alababa grandemente.

Y los que creían en el Señor aumentaban más, gran número así de hombres como de mujeres; tanto que sacaban los enfermos a las calles, y los ponían en camas y lechos para que al pasar Pedro, a lo menos su sombra cayese sobre algunos de ellos. Y aún de las ciudades vecinas muchos venían a Jerusalén, trayendo enfermos y atormentados de espíritus inmundos; y todos eran sanados."

Las señales y prodigios hechas por los apóstoles era el sistema de propaganda más efectivo del Evangelio. Note que se reunían en el Templo. Allí acudían las multitudes de necesitados y el Señor los sanaba a todos.

Esto hacía que muchos se convirtieran al Señor. Había tal avivamiento que aun con la sombra de Pedro se sanaban los enfermos. Muchos endemoniados eran libertados. La noticia se regaba por todas las ciudades vecinas.

Alguno puede preguntar: ¿Por qué ya no vemos estos milagros y señales en nuestras iglesias hoy? Es sencillo: La iglesia es una escuela donde vamos a aprender la Palabra de Dios. El creyente maduro no necesita ver señales y milagros para creer. El creyente bebé siempre está buscando señales y profecías. Ellos, como los de la iglesia primitiva, son bebés que deben satisfacer sus sentidos físicos. Por eso muchos son engañados.

El Señor nos prepara para que llevemos el evangelio a las almas perdidas. Si es necesario hacer señales para que crean, el Señor las hace, pero él premia la fe del que cree sin ver las señales.

Cada vez que se convierte un alma, es un muerto que resucita. El cambio que se va operando en sus vidas por el Espíritu Santo usando la Palabra, es la señal más poderosa. Así que las señales están presentes, pero como creyentes debemos verlas con el ojo del espíritu.

Es más milagro y prodigio que un hombre nazca de nuevo y su vida se transforme, así como una familia destruida por el vicio y la maldad, sea restaurada y llena de paz y gozo. Esto es más admirable que ver los cojos andar y los ciegos ver.

Usted ve: Los médicos y la ciencia hacen milagros y maravillas. Los cojos son sanados y muchos ciegos reciben vista, pero el milagro del nuevo nacimiento y la transformación de una vida, y la paz que sobrepasa todo entendimiento, sólo lo hace el Señor.

Sin embargo el diablo estaba asustado al ver la mano de Dios obrando. Él estaba perdiendo mucho campo. Los gobernantes veían al pueblo acudir y se pusieron celosos de aquella "nueva religión" que se estaba levantando.

Verso 17-20: "Entonces levantándose el sumo sacerdote y todos los que estaban con él, esto es, la secta de los saduceos, se llenaron de celos; y echaron mano de los apóstoles y los pusieron en la cárcel pública.

Más un ángel del Señor, abriendo de noche las puertas de la cárcel y sacándolos, dijo: Id, y puestos en pie en el templo, anunciad al pueblo todas las palabras de esta vida"

FARISEOS Y SADUCEOS

El estado espiritual de la jerarquía eclesiástica estaba en ruinas.

Los saduceos no creían en las cosas espirituales. Eran lo que podemos llamar, los ateos. Entonces estaban los fariseos. Estos creían en lo espiritual, y estaban sujetos a la Ley. Ninguno de los dos grupos tenía comunión con Dios.

Caifás, el sumo sacerdote era saduceo. El y los que con él estaban, miraban que el pueblo se iba tras los apóstoles, y se llenaron de celos. Abusando de su autoridad pusieron los apóstoles en la cárcel.

Entonces estaban los fariseos. Estos creían en lo espiritual, y estaban sujetos a la Ley. Ninguno de los dos grupos tenía comunión con Dios.

Caifás, el sumo sacerdote era saduceo. El y los que con él estaban, miraban que el pueblo se iba tras los apóstoles, y se llenaron de celos. Abusando de su autoridad pusieron los apóstoles en la cárcel.

Así algunos, que ocupan puestos de autoridad en la Iglesia, se llenan de celos cuando el Señor levanta un hermano o hermana con un don ministerial, y en vez de ayudarlo, empiezan a sospechar, y tratar que se vaya de la congregación. El espíritu que los impulsa actuar contra el hermano, es el mismo que impulsaba a Caifás contra los apóstoles.

Un ángel abrió las puertas de la cárcel y los envió a enseñar la Palabra de vida, o la que da vida. Los mandó al templo. Note que los envió a enseñar. La predicación era para los inconversos, la enseñanza era para establecer a los creyentes.

Pedro había recibido del Señor la encomienda de apacentar las ovejas y los corderos. El creyente no necesita la locura de la predicación, sino la enseñanza de la Palabra hasta que esté establecido en ella y pueda ser usado como maestro, pastor o evangelista.

Algunos han pasado por alto el hecho de que los ministros no son jefes de un club social, sino maestros preparando discípulos para que ejerzan ministerios.

El ángel se les apareció para infundirles valor. De otra manera tal vez no se hubiera atrevido continuar enseñando en el templo.

Versos 21-23: "Habiendo oído esto, entraron de mañana en el templo, y enseñaban. Entre tanto, vinieron el sumo sacerdote y los que estaban con él, y convocaron al concilio y a todos los ancianos de los hijos de Israel, y enviaron a la cárcel para que fuesen traídos.

Pero cuando llegaron los alguaciles, no los hallaron en la cárcel; entonces volvieron y dieron aviso, diciendo: Por cierto, la cárcel hemos hallado cerrada con toda seguridad, y los guardas afuera de pie ante las puertas; más cuando abrimos, a nadie hallamos dentro."

Llenos de valor, los apóstoles se fueron al templo a enseñar a los hermanos. Ellos debían obedecer a Dios antes que a los hombres. Así el creyente tiene un Señor a quien obedecer, algunos no pueden obedecer porque no conocen la voluntad del Señor expresada en Su Palabra.

PEDRO EN LA CÁRCEL, LIBRE POR EL ÁNGEL

En aquel tiempo el gobierno de Jerusalén se componía de tres cortes. Dos de 23 jueces y una de setenta. El gran Sanedrín por su parte, tenía ciento dieciséis jueces.

Ellos habían acordado poner en la cárcel a los apóstoles, pero los alguaciles no los encontraron dentro, aunque los guardas permanecían en sus puestos.

Versos 24-26: "Cuando oyeron estas palabras el sumo sacerdote y el jefe de la guardia del templo y los principales sacerdotes, dudaban en qué vendría a parar aquello. Pero viniendo uno, les dio esta noticia: He aquí, los varones que pusisteis en la cárcel están en el templo y enseñan al pueblo. Entonces fue el jefe de la guardia con los alguaciles y los trajo sin violencia, porque temían ser apedreados por el pueblo."

PEDRO Y JUAN ANTE EL SANEDRIN

.Los gobernantes estaban sorprendidos y asustados. El pueblo acudía a donde estaban los apóstoles. ¿En qué vendría a parar todo esto? ¿Cómo se habían escapado de la cárcel?

Si no hubieran sido tan materialistas, se hubieran dado cuenta que Dios estaba en el asunto. El jefe de la guardia fue al templo y los trajo sin violencia por temor al pueblo.

Verso 27-28: "*Cuando los trajeron, los presentaron en el concilio, y el sumo sacerdote les preguntó diciendo: ¿No os mandamos estrictamente que no enseñaseis en ese nombre? Y ahora habéis llenado a Jerusalén de vuestra doctrina, y queréis echar sobre nosotros la sangre de ese hombre.*"

Cuando el hombre no tiene conocimiento de algo, ni sabe explicarlo, muchas veces acude a la violencia y el despliegue de poder. Este era el caso del sumo sacerdote y de los gobernantes.

Ellos le habían prohibido hablar en el nombre de Jesús, más los apóstoles debían obedecer a Dios antes que a los hombres.

Versos 29-32: "*Respondiendo Pedro y los apóstoles, dijeron: Es necesario obedecer a Dios antes que a los hombres. El Dios de nuestros padres levantó a Jesús, a quien vosotros crucificasteis colgándole en un madero.*

A éste, Dios ha exaltado con su diestra por Príncipe y Salvador, para dar a Israel arrepentimiento y perdón de los pecados. Y nosotros somos testigos suyos de esta cosas, y también el Espíritu Santo, el cual ha dado a los que le obedecen. Ellos, oyendo esto, se enfurecían y querían matarlos."

Pedro repite a quién se debía obedecer y les recuerda que el Dios de Abraham, de Isaac y de Jacob es quién levantó a Jesús por Príncipe y Salvador para traer a los israelitas de nuevo a él.

No hay peor ciego que el que no quiere ver. Envueltos en su ceguera espiritual no ponen atención al mensaje que el Espíritu Santo les está dando a través de los apóstoles.

El diablo había endurecido sus corazones. Cristo los había llamado hipócritas y ciegos, (Mat.23). En Juan 8:44 les describió su condición espiritual de hijos del diablo. Él había venido a darle una naturaleza nueva, comprada con su sacrificio, pero ellos no quisieron recibir el Regalo.

Los Israelitas, por su privilegio de socios del pacto de Sangre de Abraham, sólo necesitaban arrepentimiento y perdón para ser salvos. Los gentiles, sin derecho a los pactos de la promesa, necesitaban remisión de los pecados.

Versos 34-37: "Entonces levantándose en el concilio un fariseo llamado Gamaliel, doctor de la ley, venerado por el pueblo, mandó que sacasen fuera por un momento a los apóstoles, y luego dijo: Varones israelitas, mirad por vosotros lo que vais a hacer respecto a estos hombres.

Porque antes de estos días se levantó Teudas, diciendo que era alguien. A éste se unió un número como de cuatrocientos hombres; pero él fue muerto, y todos los que le obedecían fueron dispersados y reducidos a nada.

Después de éste, se levantó Judas el galileo, en los días del censo, y llevó en pos de sí a mucho pueblo. Pereció también él, y todos los que le obedecían fueron dispersados."

Gamaliel, doctor de la ley, abogado, era hijo de Hilel, hijo de Simón, quien sostuvo al Señor en brazos cuando fue presentado en el templo. Más tarde se convertiría en el maestro del joven Saulo.

Gamaliel, con sabiduría, comenzó su argumento citando a Teudas y a Judas el Galileo; llamándolos a cordura, no a dejarse ir por sus instintos.

Versos 38-39: "Y ahora os digo: Apartaos de estos hombres, y dejadlos; porque si este consejo o esta obra es de los hombres se desvanecerá; más si es de Dios, no la podréis destruir; no seáis hallados luchando contra Dios."

Nicodemo y José de Arimetea discípulos secretos de Jesús, tal vez estaban presentes entre los del Sanedrín, más la Biblia no los menciona aquí. Si era así, ellos habían sido usados en su trabajo específico en el embalsamamiento y la sepultura de Jesús, y tal vez estaban ejerciendo el trabajo de pacificadores.

Gamaliel les aconseja dejar los apóstoles tranquilos hasta que pase el avivamiento. La regla era que si los que los apóstoles estaban haciendo era de Dios, no habría poder terrenal para detenerlos; más si era de hombres, se desvanecería por sí solo. El tiempo, que los soluciona todo, diría la verdad.

Verso 40-42: "Y convinieron con él; y llamando a los apóstoles, después de azotarlos, les intimaron que no hablasen en el nombre de Jesús, y los pusieron en libertad. Y ellos salieron de la presencia del concilio, gozosos por haber sido tenidos por dignos de padecer afrenta por causa del Nombre. Y todos los días, en el templo y por las casas, no cesaban de enseñar y predicar a Jesucristo."

Aquellos hombres tenían tanto terror al Nombre, que usando de violencia para intimidarlos, los azotaron públicamente; más en vez de sentirse acobardados, esto les dio nuevas energías. Ya estaban padeciendo afrenta por causa del Nombre. Ahora predicaban con más vehemencia, tanto en el templo como en las casas y enseñaban acerca de Jesucristo.

Ya no se predica el Nombre. Es necesario hacerlo. Se predica acerca de Jesús, pero no el poder que está envuelto en el Nombre. Este es el arma de ofensa y defensa del creyente. Lo usamos en las luchas contra los demonios; en oraciones y peticiones, así como en nuestras acciones de gracias.

CAPITULO #6
Año 33

Verso 1: "En aquellos días, como creciera el número de los discípulos, hubo murmuración de los griegos contra los hebreos, de que las viudas de aquellos eran desatendidas en la distribución diaria."

¿Creció la Iglesia? Crecieron los problemas. Los que protestaban eran judíos helenistas de Grecia. Note que la primera discusión fue por causa del dinero.

La iglesia es como una lavandería donde vamos a lavar y limpiar nuestra vida. En ella hay toda clase de gente, de caracteres. Porque una persona se convierta, esto no significa que su carácter va a cambiar de la noche a la mañana.

LA IGLESIA PRIMITIVA

El Espíritu Santo, trabajando desde adentro, va poco a poco, usando la Palabra, cambiando nuestra conducta; renovando la mente hasta ponerla al nivel de nuestro espíritu recreado. Así que no nos apresuremos a hacer juicio contra los hermanos, sino reconozcamos que todos tenemos cola de paja, y no debemos pasar cerca del fuego.

¿Son santos los creyentes? ¡Sí! Por regalo; por gracia hemos sido separados para el Señor.

Verso 2-4: "Entonces los doce convocaron a la multitud de los discípulos, y dijeron: No es justo que nosotros dejemos la palabra de Dios, para servir a las mesas. Buscad, pues, hermanos, de entre vosotros a siete varones de buen testimonio, llenos del Espíritu Santo y de sabiduría, a quienes encarguemos de este trabajo. Y nosotros persistiremos en la oración y en el ministerio de la palabra."

En Éxodo 18, vemos a Jetro, el sacerdote de Madián, y suegro de Moisés, aconsejar a éste que delegue autoridad sobre hombres dignos para aliviar la carga del pueblo de Israel.

Aquí los apóstoles hacen lo mismo. Ningún pastor puede hacerlo todo. Es necesario repartir el trabajo, no sólo por aliviar la carga, sino también para que los demás adquieran responsabilidad y experiencia.

Josué lavaba los pies a Moisés y era su siervo, y por su fidelidad, fue escogido para sustituirlo, y entrar al pueblo a la tierra prometida a pesar de ser de la tribu de Efraín, y no de la de Leví como Moisés.

Note que Dios no escoge intelectuales ni los que saben mucho. La condición era ser llenos del Espíritu Santo, tener buen testimonio y tener sabiduría. Una persona que es impaciente, violenta e impulsiva, no es sabio.

Lo único que el Señor requiere de sus pastores es que se dediquen a escudriñar la Palabra para que traigan buen alimento al rebaño. Su trabajo también consiste en la oración por los demás. Por lo tanto no deben ocuparse en otros trabajos. Él les ha dado la leche y la lana del rebaño para su sustento.

¿A quién pertenece el dinero que entra en la congregación? Al Pastor. Después de dar el diez por ciento a obras de caridad, y pagar los gastos, lo que sobra es para él y su familia. Algunos piensan que debe ser guardado. Entonces le dan una miseria de sueldo al pastor, y el resto lo guardan en el banco para el concilio, o para el anticristo.

Versos 5-6: "Agradó la propuesta a toda la multitud; y eligieron a Esteban, varón lleno de fe y del Espíritu Santo, a Felipe, a Prócoro, a Nicanor, a Timón, a Parmenas, y a Nicolás, prosélito de Antioquia; los cuales presentaron ante los apóstoles, quienes, orando, les impusieron las manos."

Aquí está la elección de los primeros siete diáconos. Su trabajo consiste en servir a las mesas. ¿Quién ha puesto a los diáconos a ser cabeza sobre los siervos que Dios ha llamado y ha puesto en autoridad?

Versos 7-8: "*Y crecía la palabra del Señor, y el número de los discípulos se multiplicaba grandemente en Jerusalén; También mucho de los sacerdotes obedecían a la fe. Y Esteban, lleno de gracia y de poder, hacía grandes prodigios y señales entre el pueblo.*"

El evangelio estaba creciendo en los corazones de los hermanos. Todos llevaban la Palabra y se aumentaba el número de los discípulos.

Aquí sobresale el nombre de Esteban. Este era el paladín, a quién el Señor iba a glorificar para llevar a cabo su propósito.

Verso 9-10: "*Entonces se levantaron unos de la sinagoga de los libertos, y los de Cirene, de Alejandría, de Cilicia y de Asia, disputando con Esteban. Pero no podían resistir a la sabiduría y al Espíritu con que hablaba.*"

Grupos de judíos y de prosélitos de varios países se reunían a discutir con Esteban. Este estaba lleno del Espíritu Santo, quien era realmente el que hablaba a través de él y hacía los milagros. ¿Quién podrá argumentar en contra de una persona llena del Espíritu de Dios?

Versos 11-15: "*Entonces sobornaron a unos para que dijesen que le habían oído hablar blasfemias contra Moisés y contra Dios. Y soliviantaron al pueblo, a los ancianos y a los escribas, y le trajeron al concilio.*
Y pusieron testigos falsos que decían: Este hombre no cesa de hablar palabras blasfemas contra este lugar y contra la ley; pues le hemos oído decir que ese Jesús de Nazareth destruirá este lugar, y cambiará las costumbres que nos dio Moisés.

Entonces todos los que estaban sentados en el concilio, al fijar los ojos en él, vieron su rostro con el rostro de un ángel:"

ESTEBAN ANTE EL CONCILIO

Al no poder ganar en la discusión, aquellos religiosos no dudaron en violar uno de los mandamientos de la ley: "No hablarás contra tu prójimo falso testimonio." Éxodo 20:16. Note como la muerte espiritual gobernaba en los corazones de aquellos hombres.

Es admirable darse cuenta de las atrocidades que se llevan a cabo en nombre de la religión. Aun en el mismo cuerpo de Cristo, la iglesia, se cometen atrocidades en contra de los que no piensan igual.

Muchos que son enanos espiritualmente, pero que están en posiciones de poder, tiran piedras a los que han recibido más luz que ellos, y tratan de destruirlos del todo. Gracias a que Cristo es Señor, y está en control, no destruyen al hermano, o la hermana.

Aquellos perversos pusieron testigos falsos para hablar en contra de Esteban, pero el Señor le transformó delante de todos al hacer brillar su rostro como el de un ángel.

CAPITULO 7
Año 33

Versos 1-8. Aquí tenemos a Esteban citando la Escritura registrada en Génesis, acerca del llamado de Abraham.

El argumento de Esteban era que antes de que el Señor llamara a Abraham para hacer de él una nación, Abraham era gentil. Dios lo llamó a convertirse. Entonces le dio la profecía de su descendencia sería esclava del imperio Africano por 400 años.

Le dice que aquel imperio negro sería juzgado por Dios. (Estudie Isaías 18. Isaías 45:14, para que vea los esclavos africanos llegando a los Estados Unidos en barcos, encadenados. El Señor los trajo a ser esclavos por 400 años, y aquí les enseño a salir de la idolatría y a recibir el evangelio. Hoy sus descendientes son los que mejor viven, y la mayoría de ellos sirve al Señor.)

Luego Esteban les relata el establecimiento del pacto de sangre, el puntal y sostén de la religión judía y cristiana. Les relata brevemente la relación del pacto en Isaac, Jacob y los doce patriarcas.

Entonces les cuenta la historia de José, de cómo los hermanos lo vendieron a los egipcios, como lo hicieron ellos con Jesús. José no se dio a conocer a los hermanos la primera vez, pero se dio a conocer en la segunda. Así Jesús se revelará a ellos como su Mesías en su segunda venida.

Entonces pasa a relatar la historia de Moisés y del pueblo esclavizado en Egipto, registrada en el libro de Éxodo. Moisés es otro tipo de Cristo. El no pasa por alto la debilidad de Aarón. Ni de cómo el Señor enojado los entregó a la astrología. (Amós 5:25-27).

Pasa ligeramente a relatar la historia de David y de Salomón. (Note que los únicos reyes escogidos por Dios fueron Saúl, David y Salomón. Los demás reyes fueron escogidos por los hombres, fuera por herencia o por violencia).

Verso 51-53: "! *Duros de cerviz, e incircuncisos de corazón y de oídos! Vosotros resistís siempre al Espíritu Santo; como vuestros padres, así también vosotros. ¿A cuál de los profetas no persiguieron vuestros padres? Y mataron a los que anunciaron de antemano la venida del justo, de quien vosotros habéis sido entregadores y matadores; vosotros que recibisteis la ley por disposición de ángeles, y no la guardasteis.*"

ESTEBAN APEDREADO. EL PRIMER MARTIR DE LA IGLESIA

La acusación del Espíritu Santo por labio de Esteban, les hirió hasta lo más profundo de su ser, crujían los dientes por la ira. ¿Quién mejor que el Espíritu Santo conocía la historia verdadera del pueblo de Israel?

Versos 55-56: "Pero Esteban, lleno del Espíritu Santo, puestos los ojos en el cielo, vio la gloria de Dios, y a Jesús que estaba sentado a la diestra de Dios, y dijo: He aquí veo los cielos abiertos, y al Hijo del Hombre que está a la diestra de Dios."

¡Qué maravillosa experiencia! Esto le daría a Esteban el valor necesario para ofrecer su vida como incienso de olor grato al Señor. El Señor a la diestra del Padre.

Versos 57-58: "Entonces ellos, dando grandes voces, se taparon los oídos, y arremetieron a una contra él. Y echándole fuera de la ciudad, le apedrearon; y los testigos pusieron sus ropas a los pies de un joven que se llamaba Saulo."

Los que padecen con Jesús, padecen fuera del campamento. Los judíos le apedrearon. La multitud enardecida sólo necesitaba una orden. Esta fue dada por los gobernantes. Note que los testigos pusieron sus ropas a los pies de Saulo. ¿Qué ropas? Las de los que le apedreaban, como dice Hechos 22:20. Saulo era un joven de Tarso en Turquía.

El joven Saulo miraba el apedreamiento de Esteban el primer mártir de la iglesia, sin saber que dos años más tarde, Dios lo llamaría a ser una estrella ilustre del evangelio. El Señor parece decirnos: "Recuerda este nombre."

Verso 59-60: "Y apedrearon a Esteban, mientras él invocaba y decía: Señor Jesús, recibe mi espíritu. Y puesto de rodillas, clamó a gran voz: Señor, no le tomes en cuenta este pecado. Y habiendo dicho esto, durmió."

Esteban siendo apedreado intercede por sus asesinos. ¡Qué monumento de gracia que permite orar por los enemigos! Solamente Jesús produce esto en el corazón de sus fieles. Esteban durmió. No se quejó, sino que oró. ¿Sentiría dolor mientras las piedras herían su cuerpo?

1 Pedro 4:14 dice: *"Si sois vituperados por el nombre de Cristo, sois bienaventurados, porque el glorioso Espíritu de Dios reposa sobre vosotros..."*

CAPÍTULO # 8
Año 34

Verso 1-4: "Y Saulo consentía en su muerte. En aquel día hubo una gran persecución contra la iglesia que estaba en Jerusalén; y todos fueron esparcidos por las tierras de Judea y de Samaria, salvo los apóstoles.

Y hombres piadosos llevaron a enterrar a Esteban, e hicieron gran llanto sobre él. Y Saulo asolaba la iglesia, y entrando casa por casa, arrastraba a hombres y a mujeres, y los entregaba en la cárcel. Pero los que fueron esparcidos iban por todas partes llevando el evangelio."

Un año solamente duró la paz de la Iglesia en Jerusalén antes que la persecución se hiciera imposible de resistir. Dios lo permitió para que llevaran el evangelio al mundo.

La persecución era necesaria; de lo contrario se hubieran quedado acomodados en Jerusalén. Sólo los apóstoles quedaron en la ciudad.

Saulo era de los líderes en la persecución. Él no sabía que estaba siendo usado por el Señor para cumplir el propósito divino.

Versos 5-8: "Entonces Felipe, descendiendo a Samaria, les predicaba a Cristo. Y la gente unánime, escuchaba atentamente las cosas que decía Felipe, oyendo y viendo las señales que hacía. Porque de muchos que tenían espíritus inmundos, salían éstos dando grandes voces; y muchos paralíticos y cojos eran sanados; así que había gran gozo en aquella ciudad."

Hacía solamente tres años que Jesús había sembrado su palabra en Samaria. Ahora Felipe, el diácono, graduado de evangelista, es enviado a recoger lo sembrado por Jesús. Esteban se había graduado de mártir.

FELIPE PREDICANDO EN SAMARIA CON MILAGROS

¿Quiénes eran los samaritanos? En 2 Reyes 17:24-41, se nos da su historia. Después de la cautividad de las diez tribus, el rey de Asiria trajo gente de diversas naciones a Samaria. Cada nación trajo sus dioses. Los descendientes de ellos pensaban que eran descendientes de Jacob. ¡Estudie!

Felipe predicaba a aquellos gentiles con señales y prodigios, que son la propaganda del evangelio. Los endemoniados abundaban en aquellos tiempos. Ahora también; aunque están un poco restringidos por los creyentes, por lo que tienen la libertad de manifestarse tan abiertamente.

Versos 9-11: "Pero había un hombre llamado Simón, que antes ejercía la magia en aquella ciudad, y había engañado a la gente de Samaria, haciéndose pasar por algún grande. A éste oían atentamente todos, desde el más pequeño hasta el más grande, diciendo: Ese es el gran poder de Dios. Y le estaban atentos, porque con sus artes mágicas les había engañado por mucho tiempo."

¿Cuántos magos conoce usted? Están en montones. ¡Cuántos místicos, espiritistas, santeros, y falsos profetas en el mundo! El diablo siempre ha levantado sus seguidores para engañar. Ellos profesan ser muy religiosos. ¡A cuántos ha engañado el falso Cristo en nuestros tiempos! Pero durará muy poco tiempo, porque lo que no es de Dios se desvanece.

Verso 12-13: "Pero cuando creyeron a Felipe, que ansiaba al reino de Dios y el nombre de Jesucristo, se bautizaban hombres y mujeres. También creyó Simón mismo, y habiéndose bautizado, estaba siempre con Felipe; y viendo las señales y grandes milagros que se hacían, estaba atónito."

Note que Felipe no sólo predicaba el evangelio, sino también el Nombre. El mago también fue bautizado El veía los grandes milagros y las señales que se hacían. Él había usado la magia para engañar la gente, pero ahora se daba cuenta que no había ningún truco de magia en lo que hacía Felipe.

Aparentemente se bautizó, y "entró un diablo seco al agua, y salió un diablo mojado"; permanecía junto a Felipe; no porque se hubiera convertido, sino para aprender alguno de los "trucos" usados por Felipe.

Versos 14-17: *"Cuando los apóstoles que estaban en Jerusalén oyeron que Samaria había recibido la palabra de Dios, enviaron allá a Pedro y a Juan; los cuales, habiendo venido, oraron por ellos para que recibiesen el Espíritu Santo; porque aún no había descendido sobre ninguno de ellos, sino que solamente habían sido bautizados en el nombre de Jesús. Entonces les imponían las manos, y recibían el Espíritu Santo."*

Felipe, ejerciendo su ministerio de evangelista, predicaba el evangelio con señales y milagros, pero debían venir Pedro y Juan, ejerciendo el ministerio de apóstoles, para imponer las manos e impartir el don del Espíritu Santo.

Aquí notamos que la mano de Dios, con sus rayos brillantes; usa todos los ministerios representados por sus dedos: (Hab. 3:3-4). Maestro, pastor, evangelista, profeta y apóstol. Todos son necesarios en el cuerpo de Cristo, y deben trabajar unidos.

Nadie puede tener éxito queriendo ser ministro orquesta.

Verso 18-19: *"Cuando vio Simón que por la imposición de las manos de los apóstoles se daba el Espíritu Santo, les ofreció dinero, diciendo: Dadme también a mí este poder, para que cualquiera a quien yo impusiere las manos reciba el Espíritu santo."*

Nos damos cuenta que después que Jesús predicó en Samaria, el diablo levantó a Simón para arrancar la semilla que Jesús había sembrado en los corazones. Sin embargo, su egoísmo hace que su máscara se caiga; les ofrece dinero a los apóstoles a cambio de la gracia. El no pidió el don para él, sino para comerciar con él.

Versos 20:25: *"Entonces Pedro le dijo: Tu dinero perezca contigo, porque has pensado que el don de Dios se obtiene con dinero. No tienes tú parte ni suerte en este asunto, porque tu corazón no es recto delante de Dios.*

Arrepiéntete, pues, de esta tu maldad, y ruega a Dios, si quizás te sea perdonado el pensamiento de tu corazón; porque en hiel de amargura, y en prisión de maldad veo que estás. Respondió entonces Simón, y dijo: Rogad vosotros por mí al Señor; para que nada de esto que habéis dicho venga sobre mí. Y ellos, habiendo testificado y hablado la palabra de Dios, se volvieron a Jerusalén, y en muchas poblaciones de los samaritanos anunciaron el evangelio."

SIMÓN EL MAGO

No era raro que estuviera en hiel de amargura. Su negocio estaba perdido. ¿Se arrepentiría realmente el mago? Sólo Dios lo sabe.

Verso 26: "Un ángel del Señor habló a Felipe, diciendo: Levántate y ve hacia el sur, por el camino que desciende de Jerusalén a Gaza, el cual es desierto."

Es admirable ver la obediencia de Felipe a la orden del ángel. Nosotros podíamos pensar que el Señor se había equivocado. ¿Por qué sacar a Felipe de una campaña con tanto éxito, donde miles de personas se estaban convirtiendo y estaban recibiendo el Espíritu Santo y enviarlo al desierto? ¿Cómo se le apareció el ángel? No sabemos si en sueños o en visión.

Versos 27-29: "Entonces él se levantó y fue. Y sucedió que un etíope, eunuco, funcionario de Candace reina de los etíopes, el cual estaba sobre todos sus tesoros, y había venido a Jerusalén para adorar, volvía sentado en su carro, leyendo al profeta Isaías. Y el Espíritu dijo a Felipe: Acércate y júntate a ese carro."

La maravillosa obediencia de Felipe nos sorprende. Nunca debemos poner en duda la orden del Señor, aunque no comprendamos por qué nos saca de pescar una escuela de peces, y nos lleva a pescar un sólo pez. Así ministros fieles son sacados por el Señor de congregaciones grandes, y llevados a abrir campos en lugares desiertos, donde sólo un puñado de personas son salvadas. El resultado sólo lo conoce el Señor.

Etiopía, en África es una región grandísima. De allí vino la reina de Sheba en tiempos de Salomón. Ahora la reina era Candace, tal vez descendiente de ella. Este eunuco era el tesorero del reino. Él era un prosélito judío, que había venido a las fiestas del templo en Jerusalén.

FELIPE EXPLICA AL EUNUCO, ISAÍAS 53

Hoy en Jerusalén hay una cantidad de etíopes judíos. Ellos dicen que son descendientes de Sheba y Salomón y afirman tener el arca del pacto con ellos.

Su historia dice que sacerdotes de Jerusalén huyeron con el arca durante la invasión de Babilonia, y radicaron en Egipto, donde construyeron un templo. Siendo perseguidos por los egipcios, huyeron a Etiopía.
Allí llevaron el arca y hasta el día presente, un sacerdote consagrado la cuida en un templo pequeño donde nadie puede entrar, sino sólo él, por el resto de su vida. Uno de sus descendientes continúa el trabajo.

Versos 30-33: "Acudiendo Felipe, le oyó que leía al profeta Isaías, y dijo: Pero, ¿entiendes lo que lees? Él le dijo: ¿Y cómo podré, si alguno no me enseñare? Y rogó a Felipe que subiese y se sentar con él.

El pasaje de la Escritura que leía era éste: Como oveja a la muerte fue llevado; Y como cordero mudo delante del que lo trasquila, Así no abrió su boca. En su humillación no se le hizo justicia; Mas su generación, ¿quién la contará? Porque fue quitada de la tierra su vida."

Felipe, ejerciendo el ministerio de maestro, explicaría al eunuco lo que leía. Algunos creen que lo saben todo, pero este hombre es inteligente y reconoce que necesita que alguien le explique la Escritura. El ministerio de maestro es uno de los cinco principales. No es el maestro de escuela dominical. El maestro es el ministerio de doctor de la palabra. Es el abogado de la ley. Para ser pastor, primero debe ser maestro. ¿Cómo alimentará el rebaño si no lo es?

Versos 34-38: "Respondiendo el eunuco, dijo a Felipe: Te ruego que me digas: ¿de quién dice el profeta esto; de sí mismo, o de algún otro? Entonces Felipe, abriendo su boca, y comenzando desde esta escritura, le anunció el evangelio de Jesús.

Y yendo por el camino, llegaron a cierta agua, y dijo el eunuco: Aquí hay agua; ¿qué impide que yo sea bautizado? Felipe dijo: Si crees de todo corazón, bien puedes.

Y respondiendo, dijo: Creo que Jesucristo es el Hijo de Dios. Y mandó parar el carro; y descendieron ambos al agua, Felipe y el eunuco, y le bautizó."

FELIPE BAUTIZÓ AL EUNUCO

Después de haberle explicado la Escritura que habla del evangelio de Cristo, el eunuco es bautizado en el oasis del desierto. Notamos que el más que tardó en ser bautizado, después que creyó, fue Pablo. Este tuvo que esperar tres días.

¿Qué es necesario para ser bautizado? Creer de todo corazón que Jesús es el Hijo de Dios; que murió por nuestros pecados, y que resucitó para declararnos justos. (Romanos 10:9-10).

Versos 39-40: "Cuando subieron del agua, el Espíritu del Señor arrebató a Felipe; y el eunuco no le vio más, y siguió su camino. Pero Felipe se encontró en Azoto; y pasando, anunciaba el evangelio en todas las ciudades, hasta que llegó a Cesarea."

No sabemos a ciencia cierta los detalles de aquel milagro, sin embargo, no era la primera vez que sucedía. Por ejemplo; se sabe que los israelitas cruzaron el Mar Rojo. YA sabemos que la parte más angosta del Mar Rojo es de veinte millas.

Los israelitas pasaron en una sola noche. Aunque algunos dicen que pasaron por una ciénaga de tres pies de honda, lo cierto es que los carros, caballos y soldados egipcios, que los perseguían, se ahogaron. Seguro que no fue en la ciénaga.

¿Cómo pudieron pasar tres millones de personas, viejos, niños y animales, en una sola noche, por un camino de veinte millas? Éxodo 19:4 dice: "Vosotros visteis lo que hice a los egipcios, y como os tomé sobre alas de águilas, y os he traído aquí".

¿Será más difícil para nosotros creer que el Señor los transportó como a Felipe, que creer que congeló el Mar Rojo con el viento helado para hacer el camino por donde iban a pasar? Éxodo 15:8: "Al soplo de tu aliento se amontonaron las aguas; Se juntaron las corrientes como en un montón; Los abismos se cuajaron en medio del mar…"

Algunos puede argumentar: ¿Por qué hacer el camino si los iba a llevar sobre alas de águilas, o de ángeles? Para ejecutar su juicio sobre los egipcios. Además los israelitas pensaban que iban caminando por aquel camino. Ellos no sabían que eran transportados milagrosamente.

Así los creyentes son protegidos milagrosamente; somos llevados de regreso al hogar sobre alas de ángeles.

CAPITULO #9
Año 35

SAULO, SAULO, ¿POR QUÉ ME PÉRSIGUES?

Versos 1-2: "Saulo, respirando amenazas y muerte contra los discípulos del Señor, vino al sumo sacerdote, y le pidió cartas para las sinagogas de Damasco, a fin de que si hallase algunos hombres y mujeres de este Camino, los trajese presos a Jerusalén."

Saulo había nacido en Tarso, era ciudadano romano por nacimiento, pero era hebreo, de la tribu de Benjamín. Era un fariseo de los Libertos, discípulo de Gamaliel. Era un abogado.

Era el año treinta y cinco. Hacía dos años que había guardado las ropas de los que ejecutaron a Esteban. Era orgulloso y religioso fanático, y enemigo acérrimo de los creyentes. Si Dios lo va a usar debe humillarlo primero.

Versos 3-5: "Mas yendo por el camino, aconteció que al llegar cerca de Damasco, repentinamente le rodeó un resplandor de luz del cielo; y cayendo en tierra, oyó una voz que le decía: Saulo, Saulo, ¿por qué me persigues? Él dijo: ¿Quién eres, Señor?"

Saulo el perseguidor, el fanático celoso de la pureza de su religión, no sabía que estaba luchando con el mismo Dios. ¡Cuántas veces nos sentamos e silla de escarnecedores, criticando a los que no comprendemos, y creemos que estamos defendiendo a Dios!

El Señor mismo se revela a Saulo. El sólo ve un rayo de luz resplandeciente, y oye su voz. En su estado de muerte espiritual no puede ver al Señor en espíritu, como el creyente. El cae al suelo. Nadie puede permanecer en pie ante el Dios del universo.

Antes de que el inconverso tenga el privilegio de que se le destapen los oídos y oiga la voz de Dios, debe caer al suelo; esto es, debe reconocer que no es nada, dejar la autosuficiencia y la incredulidad.

¿Por qué me persigues? ¿Estaba Saulo persiguiendo a Jesús? ¡Sí! Jesús y los creyentes son uno. Él es la Cabeza, el Jefe, el Señor del cuerpo, que es la iglesia; como el presidente representa la nación.

"Dura cosa te es dar coces contra el aguijón." El aguijón aquí es la garrocha; un clavo al final de una vara para hacer
Que el ganado camine.

Cuando alguien persigue al creyente sin razón, sólo porque no es de su religión, o porque no está de acuerdo con sus ideas, está dando coces contra el aguijón, porque está luchando contra el mismo Cristo que es su Señor.

"¿Quién eres?" Saulo pensaba defender a Dios, pero no le conocía. Así muchos quieren defender a Cristo, pero no le conocen. A Cristo sólo se conoce a través de la Biblia. Él se retrata en cada libro. "Puestos los ojos en Jesús, el Autor y Consumador de la fe." (Heb.12:2). ¿Cómo? Comiéndose el Rollo.

Verso 6: "El, temblando y temeroso, dijo: Señor, ¿qué quieres que yo haga? Y el Señor le dijo: Levántate y entra en la ciudad, y se te dirá lo que debes hacer".

"¿Qué quieres que haga?" Esta es la primera pregunta que debe hace el que acepta a Cristo. "Levántate." Ve a la Iglesia, únete a los hermanos, imita la fe de los fieles. Entonces se te dirá lo que debes hacer.

PABLO QUEDÓ CIEGO

Aunque la mayoría de los nuevos convertidos quieren ejercer ministerios, el Señor no los llama a ejercerlos hasta que no maduren. Cuando se convierten entran a la escuela elemental de Cristo. El diploma lo reciben después de pasar muchos exámenes de la universidad de Cristo. Él no pone sus ministerios en manos de neófitos. Así Saulo, el fariseo de fariseos, el abogado, debe entrar a la escuela de Cristo.

Versos 7-9: "Y los hombres que iban con Saulo se pararon atónitos, oyendo a la verdad la voz, mas sin ver a nadie. Entonces Saulo se levantó de tierra, y abriendo los ojos, no veía a nadie; así que, llevándole por la mano, le metieron en Damasco, donde estuvo tres días sin ver, y no comió ni bebió."

Note que los hombres no vieron a nadie, pero oyeron la voz que hablaba con Saulo. No podemos hacer especulaciones acerca de ellos, mas podemos pensar que la gracia se extendió a ellos.

Saulo quedó ciego. El resplandor le cegó. Así el creyente queda "ciego" al mundo, al ver el resplandor del Señor. Mientras más cerca está de Cristo, menos ve el mundo. Saulo había quedado cautivo de Cristo.

EL SEÑOR JESÚS HABLÓ A ANANÍAS

Versos 10- 12: "Había entonces en Damasco un discípulo llamado Ananías, a quien el Señor dijo en visión: Ananías. Y él respondió: Heme aquí, Señor.

Y el Señor le dijo: Levántate, y ve a la calle que se llama Derecha, y busca en casa de Judas a uno llamado Saulo, de Tarso; porque he aquí, el ora, y ha visto en visión a un varón llamado Ananías, que entra y le pone las manos encima para que recobre la vista."

Note el maravilloso cuidado que el Señor tiene a sus hijos. Pablo estaba ciego en casa de un discípulo llamado Judas. El Señor conoce nuestra dirección. Por eso envía a otro discípulo a aquella dirección a buscar a Saulo.

Saulo ha tenido una visión donde recibió el nombre de Ananías y la obra que iba a hacer en sus ojos. El Señor es detallista... Él pintó los colores del arco iris en las alas de las moscas.

Versos 13-16: "Entonces Ananías respondió: Señor, he oído de muchos acerca de este hombre, cuántos males ha hecho a tus santos en Jerusalén; y aún tiene autoridad de los principales sacerdotes para prender a todos los que invocan tu nombre.

El Señor le dijo: Ve, porque instrumento escogido me es éste, para llevar mi nombre en presencia de los gentiles, y de reyes, y de los hijos de Israel; porque yo le mostraré cuánto le es necesario padecer por mi nombre."

El Señor calmo los temores del anciano asegurándole que nada tenía que temer de Saulo. Él le revela que Saulo es el instrumento que ha de usar para llevar el evangelio a los gentiles. ¡Qué mucho padecería esto!

Versos 17-19: "Fue entonces Ananías y entró en la casa, y poniendo sobre él las manos, dijo: Hermanos Saulo, el Señor Jesús, que se te apareció en el camino por donde venías, me ha enviado para que recibas la vista y seas lleno del Espíritu Santo.

Y al momento le cayeron de los ojos como escamas, y recibió al instante la vista; y levantándose, fue bautizado. Y habiendo tomado alimento, recobró fuerzas. Y estuvo Saulo por algunos días con los discípulos que estaban en Damasco. En seguida predicaba a Cristo en las sinagogas, diciendo que éste era el Hijo de Dios".

El lobo con los corderos. Aquí notamos que sin reservas mentales, Ananías obedeció el mandato del Señor. Al orar por Saulo, las escamas cayeron de los ojos de Saulo, y recibió la vista. Así a nosotros se nos caen las escamas de la mente a medida que vamos renovándola con la Palabra de Dios.

¡Cuántas ideas torcidas traemos de nuestras experiencias pasadas! Nuestro cerebro se compone de dos compartimientos: el consciente y el subconsciente. En el subconsciente están todos los archivos de nuestra vida.

Es a ese subconsciente que el diablo tiene acceso cuando hablamos. Estos son los archivos que hay que renovar con la Palabra de Dios, como dice Efesios 4:23. Y Colosenses 3: 9-10. Tenemos que derrotar siete demonios. Deuteronomio 7:1.

Enseguida Saulo comenzó a predicar que Cristo era el Hijo de Dios en las sinagogas. El evangelio debía ser ofrecido primero a los judíos.

ANANÍAS ORANDO POR PABLO

Versos 21-22: "Y todos los que le oían estaban atónitos, y decían: ¿No es éste el que asolaba en Jerusalén a los que invocaban este nombre, y a eso vino acá, para llevar presos ante los principales sacerdotes? Pero Saulo mucho más se esforzaba, y confundía a los judíos que moraban en Damasco, demostrando que Jesús era el Cristo."

La gente estaba confundida al ver a Saulo, el perseguidor predicando a Cristo. Así nuestros familiares y amigos se confundieron al vernos predicar a Cristo, y abandonar nuestros pecados.

PABLO, COMO MOISÉS SALVO EN UNA CANASTA

"Del devorador salió comida. Y del fuerte, dulzura." Aquí se cumplió la adivinanza de Sansón. Así Cristo y la palabra cambia nuestro carácter y lo endulza.

Verso 23-25: "Pasados muchos días, los judíos resolvieron en consejo matarle, pero sus acechanzas llegaron a conocimiento de Saulo.

Y ellos guardaban las puertas de día y de noche para matarle. Entonces los discípulos, tomándole de noche, le bajaron por el muro descolgándole en una canasta."

¿Estaba el diablo enojado? Se le había escapado uno de los instrumentos más útiles en la persecución de la iglesia recién nacida. Así se enojó cuando usted dejó de servirle, pero los hermanos y el pastor oraban e intercedían.

Lo bajaron en una canasta por el muro. Note que los judíos estaban en Siria, pero allí ponían acechanzas al recién convertido. La fogosidad con que predicaba, el testimonio que lo seguía le hacía un enemigo peligroso para su religión. ¿Cuántos le seguían para convertirse a Cristo?

Versos 26-29: "Cuando llegó a Jerusalén, trataba de juntarse con los discípulos; pero todos le tenían miedo, no creyendo que fuese discípulo. Entonces Bernabé, tomándole, lo trajo a los apóstoles, y les contó cómo Saulo había visto en el camino al Señor, el cual le había hablado, y cómo en Damasco había hablado valerosamente en el nombre de Jesús.

Y estaba con ellos en Jerusalén; y entraba y salía, y hablaba denodadamente del Señor, y disputaba con los griegos; pero éstos procuraban matarle."

Así nos persigue nuestra pasada reputación a la iglesia. Nadie olvida los errores de nuestra vida pasada, y algunos se deleitan en echárnosla al rostro. Aún algunos hermanos bebés van al mar del perdón, donde el Padre ha echado nuestros pecados; los sacan y los arrastran en la congregación, y manchan la de los hermanos.

Versos 30-31: "Cuando supieron esto los hermanos, le llevaron hasta Cesarea, y le enviaron a Tarso. Entonces la iglesias tenían paz por toda Judea, Galilea y Samaria; y eran edificadas, andando en el temor del Señor, y se acrecentaban fortalecidas por el Espíritu Santo.

Por un corto tiempo se detuvo la persecución. En Jerusalén sólo quedaban los apóstoles y algunos hermanos, quienes no constituían ninguna amenaza para los judíos, sin embargo, en otros lugares la iglesia crecía y el Espíritu Santo las fortalecía.

EL SEÑOR, USANDO A PEDRO, SANÓ A ENEAS

Verso 32-35: Aconteció que Pedro, visitando a todos, vino también a los santos que habitaban en Lida. Y halló a uno que se llamaba Eneas, que hacía ocho años que estaba en cama, pues era paralítico.

Y le dijo Pedro: Eneas, Jesucristo te sana; levántate, y haz tu cama. Y enseguida se levantó. Y le vieron todos los que habitaban en Lida y en Sarón, los cuales se convirtieron al Señor."

¿Sana el Señor el derrame cerebral? Claro que sí. Esto lo usaría el Señor para la propaganda del evangelio en Lida. ¿Por qué no se sanan muchos creyentes de la misma manera?
Porque al creyente, el Señor le demanda que tenga fe en su palabra. Él dijo que sana todas nuestras dolencias, en el Salmo 103.

Nosotros queremos que el Señor obre milagros instantáneos con nosotros, y muchas veces no sucede, y nos sentimos tristes. El Señor ha prometido sanar nuestras dolencias, en su tiempo. La enfermedad nos pudo haber venido por mal trato del cuerpo, por herencia, y un sin fin de motivos.

El Señor nos sana de diferentes formas. La mayoría de las veces usa el médico y las medicinas. Si no ha llegado nuestro tiempo de regresar al hogar, él nos sana, pero eso toma tiempo.

Verso 36-38: "Habían entonces en Jope una discípula que se llamaba Tabita, que traducido quiere decir: Dorcas. Esta abundaba en buenas obras y en limosnas que hacía. Y aconteció que en aquellos días enfermó y murió. Después de lavada, la pusieron en la sala. Y como Lida estaba cerca de Jope, los discípulos, oyendo que Pedro estaba, le enviaron dos hombres, a rogarle: No tardes en venir a nosotros."

Jope era una ciudad portuaria situada a treinta millas al norte de Jerusalén. Tabita, o Dorcas, era de la tribu de Dan. Era una de las discípulas del Señor. Nadie sabe cuál enfermedad le causó la muerte. Tal vez murió para que se hiciera el milagro en aquella región.

Versos 39-41: "Levantándose entonces Pedro, fue con ellos; y cuando llegó, le llevaron a la sala, donde le rodearon todas las viudas, llorando y mostrando las túnicas y los vestidos que Dorcas hacía cuando estaba con ellas.

Entonces, sacando a todos, Pedro se puso de rodillas y oró; y volviéndose al cuerpo, dijo: Tabita, levántate. Y ella abrió los ojos, al ver a Pedro se incorporó. Y él, dándole la mano, la levantó; entonces llamando a los santos y a las viudas, la presentó viva."

Era necesario que salieran todos. Esto fue lo que hizo Jesús cuando resucitó a la hija de Jairo. La incredulidad y la curiosidad de algunos detienen la manifestación de los milagros.

Versos 42-43: "Esto fue notorio en toda Jope, y muchos creyeron en el Señor. Y aconteció que se quedó muchos días en Jope en casa de un cierto Simón, el curtidor."

PEDRO RESUCITA AL DORCAS

Aquí notamos que Pedro no se quedó en la casa de la rica Dorcas, sino en la casa humilde de un curtidor de pieles.

CAPITULO # 10
Año 41

Versos 1-2: "Había en Cesarea un hombre llamado Cornelio, centurión de la compañía llamada la italiana, piadoso y temeroso de Dios con toda su casa, y que hacía muchas limosnas al pueblo, y oraba a Dios siempre."

El día de Pentecostés Pedro usó la llave del evangelio, que Jesús le había dado; para abrir la puerta a los judíos y prosélitos que habían venido a adorar a Jerusalén: ahora debe usarla para abrirle la puerta del evangelio a los gentiles.

Hacían casi ocho años que la iglesia había sido establecida entre los judíos. Los únicos gentiles, que no sabían que eran gentiles, que se habían convertido, eran los samaritanos.

Cesarea era una región al norte de Jope, como a treinta millas. Cornelio, el centurión era comandante de un pelotón de mil soldados. Él era un varón piadoso que creía en el Dios de Israel, aunque era gentil. Sus oraciones y sus limosnas eran conocidas y aceptadas por Dios, porque la oración y la ofrenda van unidas.

CORNELIO, EL CENTURIÓN: EL PRIMER GENTIL CONVERTIDO A CRISTO.

EL ÁNGEL LE HABLÓ

Verso 3-8: "Este vio claramente en una visión, como a la hora novena del día, que un ángel de Dios entraba donde él estaba, y le decía: Cornelio. El, mirándole fijamente, y atemorizado, dijo: ¿Qué es, Señor? Y le dijo: Tus oraciones y tus limosnas han subido para memoria delante de Dios.

Envía, pues, ahora hombres a Jope, y haz venir a Simón, el que tiene por sobrenombre Pedro. Este posa en casa de cierto Simón curtidor, que tiene su casa junto al mar; él te dirá lo que es necesario que hagas.

Ido el ángel que hablaba con Cornelio, éste llamó a dos de sus criados, y a un devoto soldado de los que le asistían; a los cuales envió a Jope, después de haberles contado todo."

Eran como las tres de la tarde. Cornelio tal vez estaba en oración, y entonces tuvo un éxtasis y vio al ángel que le daba instrucciones. Note que el Señor sabe dónde estamos en todo tiempo. El conoce aún la dirección de donde nos quedamos.

LA SÁBANA QUE BAJÓ DEL CIELO Y SUBIÓ: LOS GENTILES QUE SE CONVIERTEN A CRISTO.

Un soldado devoto, un creyente. Tal vez ése fue quién le presentó a Cristo. Aquí aprendemos que no debemos dejar de sembrar la semilla de la Palabra a aquellos que son nuestros jefes. Nadie es tan alto que no pueda ser alcanzado con el evangelio de Cristo. Puede que no se convierta enseguida, pero la semilla sembrada germinará y dará fruto a su tiempo.

Versos 9-13: "Al día siguiente, mientras ellos iban por el camino y se acercaban a la ciudad, Pedro subió a la azotea para orar, cerca de la hora sexta. Y tuvo gran hambre, y quiso comer; pero mientras le preparaban algo, le sobrevino un éxtasis.

Y vio el cielo abierto, y que descendía algo semejante a un gran lienzo, que atado de las cuatro puntas era bajado a la tierra; en el cual había de todos los cuadrúpedos terrestres y reptiles y aves del cielo. Y le vino una voz: Levántate, Pedro, mata y come."

Eran las doce del mediodía. Pedro tiene hambre y mientras ora cae en un éxtasis. El queda maravillado mirando un manto, atado por las cuatro puntas, lleno de animales de cuatro patas, culebras, lagartos, águilas, avestruces, gallinazos, todos animales inmundos, prohibidos por la Ley, que desciende del cielo. Entonces se le ordena matar y comer.

Versos 14-16: "Entonces Pedro dijo: Señor, no; porque ninguna cosa común o inmunda he comido jamás. Volvió la voz a él la segunda vez; Lo que Dios limpió, no lo llames tú común. Esto se hizo tres veces; y aquel lienzo volvió a ser recogido en el cielo."

Pedro estaba confuso. ¿Por qué el Señor le mostraría aquella visión y le mandaría que comiera de aquellos animales? Él se opone. Él es un judío fiel a la ley. ¿Quiénes estaban representados por los animales que estaban dentro del manto? ¡Los gentiles! Ya el Señor los declara limpios!

De los cuatro puntos cardinales, él los había limpiado con la sangre de Su Sacrificio. ¿Se ha dado cuenta que Cristo gustó la muerte por todos?

El precio está pagado. Hay una salvación esperando por cada hombre, mujer y niño. Sólo hay que creer en Cristo, y recibirlo como Salvador y Señor.

Ese alto jefe tuyo, ese gobernante, ese abogado, a los ojos de Dios es comparado a un lagarto, una culebra, o un gallinazo. Eso éramos nosotros. Pero note que la iglesia lavada con la Sangre, baja del cielo y regresa al cielo.

Versos 17-20: "Y mientras Pedro estaba perplejo dentro de sí sobre o que significaría la visión que había visto, he aquí los hombres que habían sido enviados por Cornelio, los cuales, preguntando por la casa de Simón llegaron a la puerta. Y llamando, preguntaron si moraba allí un Simón que tenía por sobrenombre Pedro.

Y mientras Pedro pensaba en la visión, le dijo el Espíritu: He aquí, tres hombres te buscan. Levántate, pues, y desciende y no dudes de ir con ellos, porque yo los he enviado."

PEDRO: MATA Y COME

¿No sería maravilloso que el Señor nos hablara como a Pedro y que entendiéramos, y pudiésemos distinguir entre nuestros pensamientos la voz de Dios?

Pues el Señor nos habla, lo que sucede es que no nos hemos ejercitado en conocer su voz. Pedro, no sólo escuchaba la voz de Dios, sino que también la obedecía.

Versos 21-24: "Entonces Pedro, descendiendo a donde estaban los hombres que fueron enviados por Cornelio, les dijo: He aquí, yo soy el que buscáis: ¿cuál es la causa por la que habéis venido?

Ellos dijeron: Cornelio el centurión, varón justo y temeroso de Dios, y que tiene buen testimonio en todas la nación de los judíos, ha recibido instrucciones de un santo ángel, de hacerte venir a su casa para oír tus palabras.

Entonces, haciéndoles entrar, los hospedó. Y al día siguiente, levantándose, se fue con ellos; y le acompañaron algunos de los hermanos de Jope. Al otro día entraron en Cesarea. Y Cornelio los estaba esperando, habiendo convocado a sus parientes y amigos más íntimos."

Aquí vemos la obediencia de Pedro, un judío convertido, pero todavía sujeto a la Ley. Él sabe que Cornelio es un gentil; sin embargo, no tiene reparos en obedecer la voz del Señor; y acompaña a los hombres a la casa del centurión.

Versos 25-27: "Cuando Pedro entró, salió Cornelio a recibirle, y postrándose a sus pies, adoró. Mas Pedro le levantó, diciendo: Levántate, pues yo mismo también soy hombre. Y hablando con él, entró, y halló a muchos que se habían reunido."

¿Es este Pedro la persona mencionada por el ángel? Seguramente es un ángel también. Cornelio postrado con su rostro en tierra, quiso adorar a Pedro. Los gentiles están dispuestos a adorar, pero no saben a quién.

Los hindús adoran reptiles, elefantes, monos, vacas etc. Los indios de nuestros países adoran la naturaleza, al águila y al Totem Pole. Hoy algunos adoran artistas, jugadores etc. Sólo el creyente sabe que se adora a Dios en espíritu y en verdad.

PEDRO EN LA CASA DE CORNELIO: CORNELIO SERÍA LA PRIMERA PIEDRA QUE HABLARÍA

"Vosotros adoráis lo que no sabéis", le dijo Jesús a la samaritana, en Juan 4:22. El mismo Juan, en la isla de Patmos, quiso adorar al ángel, mas éste no se lo permitió. Algunos adoran al Papa y al Dalai Lama. Al hacerlo están preparándose para adorar la bestia de Apocalipsis 13.

Versos 28-29: "Y hablando con él, entró, y halló a muchos que se habían reunido. Y les dijo: Vosotros sabéis cuán abominable es para un varón judío juntarse o acercarse a un extranjero; pero a mí me ha mostrado Dios que a ningún hombre llame común o inmundo; por lo cual, al ser llamado, vine sin replicar. Así que pregunto: ¿Por qué causa me habéis hecho venir?"

La ley prohibía a los judíos juntarse con los gentiles. Una de las razones para la decadencia de la nación israelita, fue por la desobediencia a esa ley. Ellos se casaron con gentiles, quienes los llevaron a la idolatría, y a olvidarse del Dios de Israel.

Pero Pedro aprendió la lección que el Señor le diera, y decidió obedecerla sin replicar. El sólo había recibido instrucciones de no llamar inmundos a los gentiles que el Señor limpiara con Su Sangre, y que fuera con los mensajeros.

En los versos 30 al 32 Cornelio repite a Pedro la orden del ángel Note la humildad del centurión. Él no se sintió ofendido por las palabras de Pedro. Muchos se pierden la bendición a causa del orgullo herido.

Verso 33: "Así que luego envié por ti: y tú has hecho bien en venir. Ahora, pues, todos nosotros estamos aquí en la presencia de Dios, para oír todo lo que Dios te ha mandado."

Cornelio y los suyos están listos a escuchar el Evangelio de labios de Pedro. Cuando las personas a quienes hablamos están dispuestas a escuchar, no están lejos de aceptar a Cristo y ser salvos.

Versos 34-35: "Entonces Pedro, abriendo la boca, dijo: En verdad comprendo que Dios no hace acepción de personas, sino que en toda nación se agrada del que teme y hace justicia."

Dios no hace acepción de personas. En todo lugar se agrada del que es justo y le teme. Sin embargo, tenemos por ejemplo a los musulmanes. Ellos creen que le están sirviendo al mismo Dios que los creyentes. Muchos de ellos son justos y temen. ¿Serán salvos por eso?

La historia de Cornelio nos da la respuesta. Él era justo y temeroso de Dios, pero debía hacer venir a Pedro para que le predicara el evangelio. Así los musulmanes deben oír el evangelio y recibir a Cristo. Es seguro que muchos de ellos reciben gracia para recibirle. ¿Estará la iglesia dispuesta a llevarle la Palabra de vida?

Aunque por ahora parezca difícil, el Señor ha permitido la guerra en Iraq, para penetrar con el evangelio la ventana 10-40. Esto es; las naciones que están al este de la longitud 10 W. y arriba de la latitud 40 N. Estas incluyen Irak, Irán, Afganistán, etc. A estas naciones, aunque dicen tener grupos cristianos, lo real es que sólo hay grupos aislados y pequeños de católicos y ortodoxos griegos.

Versos 36-43, Pedro les predicó el evangelio de Cristo.

Versos 44-46: "Mientras aún hablaba Pedro estas palabras, el Espíritu Santo cayó sobre todos los que oían el discurso. Y los fieles de la circuncisión que habían venido con Pedro se quedaron atónitos de que también sobre los gentiles se derramase el don del Espíritu Santo. Porque los oían que hablaban en lenguas, y que magnificaban a Dios:"

¿Por qué se derramó el don del Espíritu Santo, con señal de lenguas entre los gentiles en la casa de Cornelio, y hoy no se manifiesta todas las veces, cada vez que se convierten las almas en nuestras congregaciones?

Esto fue necesario allí porque habían venido con Pedro algunos judíos. A ellos el Señor, les mostró con la señal, que también Dios amaba a los gentiles. Hoy no es necesario, pues todos somos gentiles convertidos, y Dios no necesita hacer las señales para demostrarnos que hemos recibido el don. (Estudie 1 Corintios 14: 20-23 y Romanos 12:30)

El Espíritu se recibe por la fe, cuando algún siervo de Dios lleno del Espíritu Santo, ora por nosotros imponiéndonos las manos. Si hablamos en lenguas como señal a los incrédulos, Amén. Si no hablamos en lenguas, Amén.

Versos 47-48: "Entonces respondió Pedro: "¿Puede acaso alguno impedir el agua para que sean bautizados estos que han recibido el Espíritu Santo también como nosotros? Y mandó bautizarles en el nombre del Señor Jesús. Entonces le rogaron que se quedase por algunos días."

Pedro y los hermanos debieron quedarse algunos días con la iglesia recién nacida para establecerlos en la oración, y el partimiento del pan, pues no estaba escrito aún el Nuevo Testamento.

CAPITULO #11
Año 42

Versos 1-3: "Oyeron los apóstoles y los hermanos que estaban en Judea, que también los gentiles habían recibido la palabra de Dios. Y cuando Pedro subió a Jerusalén, disputaban con él los que eran de la circuncisión, diciendo: ¿Por qué has entrado en casa de hombres incircuncisos, y has comido con ellos?

Note cómo el legalismo invadía la Iglesia recién nacida. La edad de la iglesia era de 8 años y medio. Los legalistas judíos querían que los que se convirtieran sirvieran a Cristo y a Moisés. Ellos ignoraban que cuando Cristo estableció el Nuevo Pacto en Su Sangre, había dado por viejo el primero, como dice Hebreos 8:13.

El Nuevo Pacto tenía un nuevo sacerdocio y nuevas leyes. En muchas iglesias cristianas de hoy, se practica un nuevo legalismo, el legalismo Talibán, heredado de los musulmanes moros españoles, quienes gobernaban en España por cuatrocientos años. Si pudieran, les pusieran la Burka a las mujeres, y éstas no tendrían derecho ni de respirar en la Congregación.

Los pastores de estas congregaciones son ignorantes de la historia de las Escrituras y no saben aplicarlas. Gracias a Dios que está quitándoles el velo y la mordaza de la boca de las siervas que sienten el fuego arder en sus corazones.

Del verso 4-15, Pedro vuelve a contar a los hermanos lo sucedido a Cornelio y los gentiles.

Versos 16-18: "Entonces me acordé de lo dicho por el Señor, cuando dijo: Juan ciertamente bautizó con agua, mas vosotros seréis bautizados con el Espíritu Santo. Si Dios, pues, les concedió también el mismo don que a nosotros que hemos creído en el Señor Jesucristo, ¿quién era yo que pudiese estorbar a Dios? Entonces, oídas estas cosas, callaron, y glorificaban a Dios, diciendo: ¡De manera que también a los gentiles ha dado Dios arrepentimiento para vida!"

Los apóstoles y los hermanos se alegraron de que también a los gentiles se hubiera extendido la gracia divina. Seguramente habían entrado a un Nuevo Pacto que incluía también a los gentiles.

Verso 19-21: "Ahora bien, los que habían sido esparcidos a causa de la persecución que hubo con motivo de Esteban, pasaron hasta Fenicia, Chipre y Antioquía, no hablando a nadie la palabra, sino sólo a los judíos.

Pero había entre ellos unos varones de Chipre y de Cirene, los cuales, cuando entraron en Antioquía hablaron también a los griegos, anunciando el evangelio del Señor Jesús. Y la mano del Señor estaba con ellos, y gran número creyó y se convirtió al Señor."

Fenicia es conocida hoy como el Líbano. Chipre es una isla grande al noreste del Mar Mediterráneo. Cirene es Libia en África. Los varones de estos países, seguramente prosélitos judíos, llegaron a Antioquia en Siria, y comenzaron a predicar a los helenistas griegos. El Señor los respaldaba con las señales; y ellos dejaron la idolatría de los dioses de Olimpo; y se convirtieron a Cristo.

Versos 22-24: "Llegó la noticia de estas cosas a oídos de la iglesia que estaba en Jerusalén; y enviaron allá a Bernabé que fuese hasta Antioquía. Este, cuando llegó y vio la gracia de Dios, se regocijó, y exhortó a todos que con propósito de corazón permaneciesen fieles al Señor. Porque era varón bueno y lleno del Espíritu Santo y de fe. Y una grande multitud fue agregada al Señor."

Bernabé fue enviado a Antioquía a alimentar la iglesia bebe. Así nosotros no podemos abandonar al nuevo convertido. Es necesario que los pastores lo alimenten y lo cuiden espiritualmente. ¿Qué sucede a un bebé que no tiene quien lo alimente? Se muere. Así también los bebés del cuerpo de Cristo.

Versos 25-26: "Después fue Bernabé a Tarso para buscar a Saulo; y hallándole, le trajo a Antioquía. Y se congregaron allí todo un año con la iglesia, y enseñaron a mucha gente; y a los discípulos se les llamó cristianos por primera vez en Antioquía."

Bernabé fue a Turquía en busca de Saulo para que le ayudara con la iglesia de Antioquía. Note como Bernabé de Chipre y Saulo de Turquía, se unen a trabajar para el Señor. En Cristo no hay banderas de separación, ni fronteras. Es maravilloso saber que se llamó cristianos a los creyentes por primera vez en Siria. Hoy, lamentablemente la mayoría de los sirios son musulmanes.

Versos 27-30: "En aquellos días unos profetas descendieron de Jerusalén a Antioquía. Y levantándose uno de ellos llamado Agabo, daba a entender por el Espíritu, que vendría una gran hambre en toda la tierra habitada; la cual sucedió en tiempo de Claudio.

Entonces los discípulos, cada uno conforme a lo que tenía, determinaron enviar socorro a los hermanos que habitaban en Judea; lo cual en efecto hicieron, enviándolo a los ancianos por mano de Bernabé y Saulo."

El profeta Agabo. Este era de Jerusalén; y tenía el don de profecía. El, por medio de este don, conocía lo que Dios iba a hacer en el futuro cercano. Una gran hambre en el mundo habitado vino dos años después. Note como la pared que dividía a judíos y a gentiles se va derrumbando. Los gentiles socorren a los de Judea. Ellos envían ofrendas a la iglesia madre. Aparentemente este fue propósito del hambre.

JACOBO, EL SEGUNDO MÁRTIR
CAPÍTULO #12
Año 42

Versos 1-4: "En aquel mismo tiempo el rey Herodes echó mano a algunos de la iglesia para matarlos. Y mató a espada a Jacobo, hermano de Juan."

El rey Herodes era el tercero de los cuatro que existieron del mismo nombre. El primero fue Herodes el Grande; el que mató los niños de Belén, (Mateo 2).

Herodes Antipas, el que mató a Juan el Bautista, (Lucas 9), Herodes Felipe, el marido de Herodías, y éste; Herodes Agripa.

Pensando agradar a los judíos, decidió perseguir a los cristianos. Mató a Jacobo, el hermano de Juan, uno de los doce apóstoles del Señor.

Versos 3-5: "Y viendo que esto había agradado a los judíos, procedió a prender también a Pedro. Eran entonces los días de los panes sin levadura. Y habiéndole tomado preso, le puso en la cárcel, entregándole a cuatro grupos de soldados cada uno, para que le custodiasen; y se proponía sacarle al pueblo después de la pascua. Así que Pedro estaba custodiado en la cárcel; pero la iglesia hacía sin cesar oración por él."

Herodes capturó a Pedro. Los días de los panes sin levadura, de acuerdo a Levítico 23:4-6, comenzaban al día siguiente del día de la Pascua. El día catorce del mes de Abib era la pascua. El día quince, era el día solemne de los panes sin levadura. En Juan 19:31, leemos que el cuerpo de Jesús debió ser quitado de la cruz el día de Pascua, porque el día siguiente daba comienzo la fiesta de los panes sin levadura, que debía durar una semana.

Herodes pensaba liberar a Pedro después de la semana de Pascua. Para asegurarse que los cristianos no lo sacaran de la cárcel, le puso cuatro grupos de soldados para guardarle las veinticuatro horas. La Iglesia oraba por él. Ya habían perdido uno de los pilares originales. Jacobo fue el primero de los doce que selló con sangre su testimonio. Más tarde diez de ellos lo harían también. Sólo Juan murió de muerte natural.

Versos -6-10: "Y cuando Herodes le iba a sacar, aquella misma noche estaba Pedro durmiendo entre dos soldados, sujeto con cadenas, y los guardas delante de la puerta custodiaban la cárcel. Y he aquí que se presentó un ángel del Señor, y una luz resplandeció en la cárcel; y tocando a Pedro en el costado, le despertó, diciendo: Levántate pronto. Y las cadenas se le cayeron de las manos.

Le dijo el ángel: Cíñete, y átate las sandalias. Y lo hizo así. Y le dijo: Envuélvete en tu manto, y sígueme. Y saliendo, le seguía; pero no sabía que era verdad lo que hacía el ángel, sino que pensaba que veía una visión.

EL ÁNGEL SACÓ A PEDRO DE LA CÁRCEL POR SEGUNDA VEZ, DIEZ AÑOS DESPUÉS.

Habiendo pasado la primera y la segunda guardia, llegaron a la puerta de hierro que daba a la ciudad, la cual se abrió por sí misma; y salidos, pasaron una calle, y luego el ángel se apartó de él."

Nos parece pensar que Pedro tenía alguna experiencia con los ángeles, pues uno de ellos ya lo había liberado de la cárcel diez años atrás. Mas esta vez no estaba en sí.

En forma milagrosa y sobrenatural, las cadenas que ataban a Pedro a los soldados, se cayeron. Los soldados estaban dormidos, pero los de la puerta no. Pedro y el ángel salieron sin que ellos lo notaran. Aquí recordamos que muchas veces los judíos querían hacerle daño a Jesús, mas él pasaba en medio de ellos invisible. Así nosotros muchas veces, estamos en peligro y tal vez el Señor nos hace invisibles.

Note que no solamente se abrieron las puertas de la cárcel, sino también las de la ciudad.

Versos 11-15: "Entonces Pedro, volviendo en sí, dijo: Ahora entiendo verdaderamente que el Señor ha enviado su ángel, y me ha librado de la mano de Herodes, y de todo lo que el pueblo de los judíos esperaba.

Y habiendo considerado esto, llegó a casa de María la madre de Juan, el que tenía sobrenombre Marcos, donde muchos estaban reunidos orando.

Cuando llamó Pedro a la puerta del patio, salió a escuchar una muchacha llamada Rode, la cual, cuando reconoció la voz de Pedro, de gozo no abrió la puerta, sino que corriendo adentro, dio la nueva de que Pedro estaba a la puerta. Y ellos dijeron: Estás loca. Pero ella aseguraba que era así. Entonces ellos decían: ¡Es su ángel!".

Pedro volvió en sí, despertó de lo que él creía que era un sueño. Él estaba acostumbrado a ver visiones. Era el ministerio de apóstol en toda su función. Este es uno de los dones de su equipo ministerial.

El verdadero apóstol tiene los nueve dones en función. Su trabajo es el de fundar iglesias y preparar ministros para el ministerio. En él operan los cinco ministerios: apóstol, profeta, evangelista, pastor y maestro. Él es representado por altar del incienso. El opera en cualquiera de estos ministerios con señales.

El profeta tiene tres dones de Revelación; ciencia, sabiduría y discernimiento de espíritus: esto es, ve el mundo espiritual. Él es representado por el candelero de oro. (Discernimiento no es el don de sospecha. Tampoco es un adivino; eso es ocultismo).

El evangelista tiene tres dones de Poder: milagros, fe y sanidades. Es representado por el altar de bronce. Si el evangelista no tiene estos dones en manifestación; (el sistema de propaganda del evangelio); es exhortador, no evangelista.

El pastor tiene tres dones de Expresión: profecía, lenguas e interpretación. Es representado por la fuente de bronce.

El maestro tiene tres dones de Revelación: sabiduría, ciencia y profecía. Es representado por la mesa de los panes. (Este no es el maestro de Escuela Dominical). ¿Cómo reconocemos los ministerios? Por la manifestación de los dones ministeriales. Cada creyente tiene dones, pero ministerios sólo son cinco clases.

La iglesia se reunía a orar. La persecución estaba en su apogeo. Ahora se había añadido a los judíos, el rey Herodes, quien no era judío, sino edomita, de los descendientes de Esaú.

Rode, como joven a fin, con buenos oídos; oyó cuando Pedro tocó la puerta. El Señor había contestado las oraciones. Pedro estaba a la puerta. La joven gozosa dio la noticia, pero los que oraban no la creyeron.

LA FE DÉBIL DEL CREYENTE

"¡Estás loca! Es su ángel". ¿Tenemos más fe nosotros que ellos? Seguro que no. Muchos de nosotros oramos pidiendo cosas que ya tenemos. Si conocemos la Palabra un poco, ya no pedimos nada, porque sabemos que ya tenemos lo que pedimos, así que solamente damos gracias y adoramos.

Oramos por protección y bendición por nuestros hijos. Demos gracias al Señor porque hemos entrado en el Pacto en la Sangre de Cristo, y nuestros hijos, nietos etc., son beneficiarios de ese pacto, por lo tanto son bendecidos y protegidos.

¿Es nuestra petición por finanzas? El Señor es nuestro Proveedor. Él nos da lo que necesitamos. No nos da para satisfacer nuestras ambiciones, ni fantasías, pero nos da lo que necesitamos. Él nos enseña a economizar.

¿Es por salud? Él es nuestro Sanador. Él nos enseña a cuidar nuestro cuerpo físico, y a no maltratarlo.

Nuestras peticiones deben ser de intercesión por los demás, especialmente por los inconversos. Ellos son los que tienen necesidad. Si no tienen a Cristo, su condición es muy triste. Al interceder estamos ministrando en el santo sacerdocio. Cuando predicamos o enseñamos estamos ministrando en el real sacerdocio. (Estudie 1 Pedro 3: 4-9).

Versos 16-17: *"Mas Pedro persistía en llamar; y cuando abrieron y le vieron, se quedaron atónitos. Pero él, haciéndoles con la mano señal de que callasen, les contó cómo el Señor le había sacado de la cárcel. Y dijo: Hacer saber esto a Jacobo y a los hermanos, y salió y se fue a otro lugar."*

Aquí notamos que Pedro no se quedó con los hermanos, sino que se fue a otro lugar para no exponerse de nuevo al peligro. El Señor les había dicho que cuando los persiguieran en un lugar, se fueran a otro.

¿Quién era Jacobo a quien debían dar la noticia? Era el hermano del Señor, quien era el dirigente de la iglesia en Jerusalén, el mismo Santiago de la epístola. (Estudie Mateo 13:55 y Gálatas 1:19).

Versos 18-20: *"Luego que fue de día, hubo no poco alboroto entre los soldados sobre qué había sido de Pedro. Más Herodes, habiéndole buscado sin hallarle, después de interrogar a los guardas, ordenó llevarlos a la muerte. Después descendió de Judea a Cesarea y se quedó allí."*

¿Se imagina el problema que se formó en la cárcel por la escapada de Pedro? Él tenía 4 soldados cuidándolo durante seis horas. A estos mandó a ejecutar aquel cruel rey.

Aquí no dejamos de notar que Herodes descendió a Cesarea. ¿Cómo pudo descender de Judea a Cesarea, si ésta está al norte de Judea en el Líbano? Si desconocemos la geología pensaremos que es un error.

Lo mismo vemos en Ezequiel 39: 2, donde el Señor le dice a Rusia que le hará subir de las partes del norte y los traerá sobre los montes de Israel. Ahora sabemos que del norte se sube. La tierra es una bola. Todo sube hacia el centro, que es la línea ecuatorial. De NY, se sube a Florida.

Versos 20-23: "Y Herodes estaba enojado contra los de Tiro y Sidón; pero ellos vinieron de acuerdo ante él, y sobornando a Blasto, que era camarero del rey, pedían paz, porque su territorio era abastecido por el del rey. Y un día señalado, Herodes, vestido de ropas reales, se sentó en el tribunal y les arengó. Y el pueblo aclamaba gritando: ¡Voz de Dios, y no de hombre! Al momento un ángel del Señor le hirió, por cuanto no dio gloria a Dios; y expiró comido de gusanos."

El pueblo de Tiro y Sidón, en el Líbano, se sometía al rey Herodes porque recibían del territorio del rey alimentos. Este los reprendía. Vestido con sus prendas de realeza, se sentía que era un dios para ellos.

El pueblo, a pesar de la represión del rey, clamaba que era Dios quien hablaba a través de sus labios. Este, envanecido aceptaba la adoración del pueblo. Conociendo al Dios de Israel, (quien no comparte su gloria con nadie, porque él da de gracia para recibir la gloria): no le dio la gloria debida a Su Nombre.

Era Dios, y no el rey, quien daba alimento a los hombres. Él es quien realmente alimenta al hombre. Todos disfrutamos de la mesa de Dios.

Enseguida Herodes fue herido por un ángel, y murió comido de gusanos. Este mismo juicio le había venido a Antioco Epífanes, el que puso la estatua de Júpiter en el templo de Jerusalén; a quien los Macabeos derrotaron unos siglos antes de Cristo. Así el juicio cae sobre los que le quieren robar la gloria a Dios.

Versos 24-25: "Pero la palabra de Dios crecía y se multiplicaba. Y Bernabé y Saulo, cumplido su servicio, volvieron a Jerusalén, llevando consigo a Juan, el que tenía sobrenombre Marcos".

La maravillosa palabra de Dios, la invencible, la palabra dadora de vida, siempre va en aumento, crece y se multiplica en la vida de los hombres. Aunque ha sido quemada, y destruida en muchos lugares, crece y vive en otros.

Bernabé y Saulo, habiendo establecido pastores y ancianos en las iglesias de Cesarea, y terminado su trabajo deben regresar a buscar nuevas órdenes. Ahora llevan a Marcos, el sobrino de Bernabé con ellos.

CAPITULO # 13
Año 45

Versos 1-3: "Había entonces en la iglesia que estaba en Antioquía, profetas y maestros: Bernabé, Simón el que se llama Níger, Lucio de Cirene, Manaén el que se había criado con Herodes el tetrarca, y Saulo. Ministrando éstos al Señor, y ayunando, dijo el Espíritu Santo: Apartadme a Bernabé y a Saulo para la obra a que los he llamado. Entonces, habiendo ayunado y orado, les impusieron las manos y los despidieron."

Ya Saulo tiene ocho años de convertido. No es un neófito. Bernabé lleva más tiempo que él en el evangelio. Aunque Saulo es el último, ha de ser primero.

Habiendo recibido instrucciones de los líderes de la iglesia en Jerusalén, Saulo y Bernabé regresan a Siria. Allí, en retiro, oran y ayunan, y se consagran al Señor para recibir la próxima encomienda. Note que ellos no se van por emociones, sino por el llamado del Espíritu Santo y la bendición de los hermanos. Los que salen sin la bendición se estrellan en el fracaso.

Versos 4-5: "Ellos, entonces, enviados por el Espíritu Santo, descendieron a Seleucia, y de allí navegaron a Chipre. Y llegados a Salamina, anunciaban la palabra de Dios en las sinagogas de los judíos. Tenían también a Juan de ayudante."

Seleucia era una ciudad portuaria a dieciséis millas de Antioquía. Salamina era una ciudad en la costa este de Chipre. Note que ellos sólo predicaban en las sinagogas de los judíos.

PABLO Y EL MAGO BARJESÚS

Versos 6-8 "Y habiendo atravesado toda la isla hasta Pafos, hallaron a cierto mago, falso profeta, judío, llamado Barjesús, que estaba con el procónsul Sergio Paulo, varón prudente.
Este, llamando a Bernabé y a Saulo, deseaba oír la palabra de Dios. Pero le resistía Elimas, el mago, (pues así se traduce su nombre), procurando apartar de la fe al procónsul."

Sergio Paulo era un oficial romano que administraba la isla. Es descrito como un hombre prudente y sabio. El deseaba oír la Palabra de Dios. El problema era que allí estaba uno que era hechicero, judío, que tenía dos nombres: Barjesús y Elimas.

Siempre que el evangelio va a llegar a un lugar, el diablo tiene preparado a uno de sus secuaces para tratar de impedir que las almas se salven.

EL MAGO BARJESÚS, HERIDO CON CEGUERA

Versos 9-12: "Entonces Saulo, que también es Pablo, lleno del Espíritu Santo, fijando en él los ojos, dijo: ¡OH, lleno de todo engaño; hijo del diablo, enemigo de toda justicia! ¿No cesarás de trastornar los caminos rectos del Señor?

Ahora, pues, he aquí la mano del Señor contra ti, y serás ciego, no verás el sol por algún tiempo. E inmediatamente cayeron sobre él oscuridad y tinieblas; y andando alrededor, buscaba quien le condujese de la mano. Entonces el procónsul, viendo lo que había sucedido, creyó, maravillado de la doctrina del Señor."

Pablo, hablando con la autoridad disciplinaria de su apostolado, mandó por el Espíritu que quedara ciego por un tiempo. Elimas había tratado de mantener al procónsul y los demás en tinieblas espirituales. Ahora era castigado con tinieblas físicas.

Los ocultistas, siendo ministros del diablo, hacen el oficio de mantener en la oscuridad espiritual a la gente. Todos los que se dicen ser espiritistas, santeros, astrólogos, mentalistas, gurús, etc. Sólo son engañadores mentirosos, que sólo buscan el dinero de los incautos.

El procónsul, se convirtió al Señor. Este era un gentil romano. Es interesante ver que fue él mismo quien mandó a buscar a Pablo y a Bernabé. Ellos se mantenían predicando sólo en la sinagoga de los judíos. Mas el hambre de los gentiles por Dios era muy grande.

Versos 13-15: "Habiendo zarpado de Pafos, Pablo y sus compañeros arribaron a Perge de Panfilia; pero Juan, apartándose de ellos, volvió a Jerusalén. Ellos pasando de Perge, llegaron a Antioquía de Psidia; y entraron en la sinagoga un día de reposo y se sentaron.

Y después de la lectura de la ley y de los profetas, los principales de la sinagoga mandaron a decirles: Varones hermanos, si tenéis alguna palabra de exhortación para el pueblo, hablad."

Pablo y Bernabé salieron de Chipre y fueron a Perge en Panfilia. Panfilia era una provincia romana en la costa sur de Asia Menor. Perge era su capital. Allí estaba uno de los templos de Diana. No se nos dice nada de Perge, sino que fueron al norte como a cien millas hasta Antioquía de Asia. Como de costumbre, en la sinagoga le dieron parte para hablar.

Del verso 16-41, Pablo cuenta parte de la historia del pueblo de Israel, hasta la vida, muerte y resurrección de Cristo. El termina su discurso con la amonestación registrada en Hab. 1:5.

Versos 42-43: "Cuando salieron ellos de la sinagoga de los judíos, los gentiles les rogaron que el siguiente día de reposo les hablase de esas cosas. Y despedida la congregación, muchos de los judíos y de los prosélitos siguieron a Pablo y a Bernabé, quienes hablándoles, les persuadían a que perseverasen en la gracia de Dios."

Los gentiles estaban listos a recibir la piedra angular que los judíos rechazaban.

Versos 44-45: "El siguiente día de reposo se juntó casi toda la ciudad para oír la palabra de Dios. Pero viendo los judíos la muchedumbre, se llenaron de celos, y rebatían lo que Pablo decía, contradiciendo y blasfemando."

El evangelio recibido por los gentiles, el cual prometía la salvación para todos, fue para ellos algo maravilloso. Recuerde que los judíos decían que los gentiles eran perros. Ahora Pablo les predica que están en el mismo nivel que lo judíos, porque Cristo derribó, con Su Sacrificio, la pared que separaba a ambos pueblos, y lo unió en uno en la Iglesia.

Claro que esto enfurecería a los judíos. No sólo perdían su lugar preferencial, sino que muchos judíos se estaban convirtiendo al Señor. Había que parar a los predicadores antes que hicieran más daño a sus intereses. Decidieron oponerse a la palabra, y blasfemar contra el Señor. Ellos ignoraban que con ello estaban cavando su sepultura espiritual.

Versos 46-49: "Entonces Pablo y Bernabé, hablando con denuedo, dijeron: A vosotros a la verdad era necesario que se os hablase primero la palabra de Dios; mas puesto que la desecháis, y no os juzgáis dignos de vida eterna, he aquí nos volvemos a los gentiles. Porque así nos ha mandado el Señor, diciendo: Te he puesto para luz de los gentiles A fin de que seas para salvación hasta lo último de la tierra."

Pablo le citó al profeta Isaías, (42:6, y 49:6). Fue en Antioquía de Turquía, que el Espíritu Santo dirigió a Pablo a los gentiles. Ya se había dado amplia oportunidad a los judíos, y muchos la habían rechazado. Doce años de oportunidad se dio a ellos. Sin embargo faltaban 54 años para la destrucción de Jerusalén y del templo que ellos tanto veneraban.

Antes de que venga el juicio a la persona, la gracia de Dios le da muchas oportunidades de arrepentimiento.

Versos 48- 49: "Los gentiles, oyendo esto, se regocijaban y glorificaban a Dios por la palabra del Señor, y creyeron todos los que estaban ordenados para vida eterna. Y la palabra del Señor se difundía por toda aquella provincia."

Note que fue en Turquía que se fundaron las siete iglesias de Asia Menor, de Apoc.2. "Ordenados para vida eterna". Muchos creen que se trata de que algunos han sido predestinados para salvación, y otros para perdición. La palabra dice que Cristo sufrió la muerte por todos, no por unos predestinados. También la palabra es clara en decir que "todo el que en él cree, tiene vida eterna". Al decir todo, elimina la creencia de la predestinación.

¿Quién está ordenado para vida eterna? Todo el que cree y acepta a Cristo como Salvador y se somete a él como Señor.

Versos 50-52: "Pero los judíos instigaron a mujeres piadosas y distinguidas, y a los principales de la ciudad, y levantaron la persecución contra Pablo, y los expulsaron de sus límites. Ellos entonces, sacudiendo contra ellos el polvo de sus pies, llegaron a Iconio. Y los discípulos estaban llenos de gozo y del Espíritu Santo."

Note la maldad de aquellos religiosos. Ellos instigaron a mujeres distinguidas y piadosas. Estas eran la mejor arma que tenían para destruir la obra de Dios en aquella ciudad. Aunque en el Medio Oriente la mujer no vale nada, ella tiene mucho poder sobre sus maridos y sus hijos. ¿Quiénes mejores que ellas para convencer a sus maridos e hijos a unirse contra los apóstoles?

Los apóstoles decidieron alejarse de aquellos perversos, e ir hacia el sur, a Iconio, hoy conocida por Kenya. No les echaron más las perlas a los cerdos. Note que ellos no estaban angustiados por la afrenta, sino gozosos y llenos del Espíritu Santo. Lo que le hacen a los hijos de Dios, realmente se lo están haciendo a Dios.

CAPITULO # 14
Año 46

Versos 1-4: "Aconteció que entraron juntos a la sinagoga de los judíos, y hablaron de tal manera que creyó una gran multitud de judíos, y asimismo de griegos. Mas los judíos que no creían excitaron y corrompieron los ánimos de los gentiles contra los hermanos. Por tanto se detuvieron allí mucho tiempo, hablando con denuedo, confiados en el Señor, el cual daba testimonio a la palabra de su gracia, concediendo que se hiciesen por las manos de ellos señales y prodigios. Y las gente de la ciudad estaba dividida: unos estaban con los judíos, y otros con los apóstoles."

Es interesante ver como los que han sido enemigos se unen para perseguir a los creyentes. Pilatos y Herodes, que eran enemigos entre ellos, se unieron contra Jesús. Fariseos y saduceos se unían contra los creyentes. Realmente esta es la guerra entre la serpiente antigua y la simiente de la mujer.

Note que los milagros se hacían porque el Señor respaldaba la palabra de su gracia. En esto se conocen los milagros verdaderos. Los milagros mentirosos de los ocultistas son como nubes sin agua, que se desvanecen al momento.

Podemos preguntar: ¿Por qué volvieron Pablo y Bernabé a la sinagoga de los judíos, después de lo sucedido en Antioquía de Turquía? Ahora estaban en Iconio. Era en la sinagoga que se reunía la multitud de judíos y de prosélitos. Allí podían alcanzar a las multitudes.

Versos 5-7: "Pero cuando los judíos y los gentiles, juntamente con sus gobernantes, se lanzaron a afrentarlos y apedrearlos, habiéndolo sabido, huyeron a Listra y Derbe ciudades de Licaonia, y a toda la región circunvecina, y allí predicaban el evangelio."

Los misioneros continuaron predicando en la región central de Turquía.

Versos 8-10: "Y cierto hombre de Listra estaba sentado, imposibilitado de los pies, cojo de nacimiento, que jamás había andado. Este oyó hablar a Pablo, el cual, fijando en él sus ojos, y viendo que tenía fe para ser sanado, dijo a gran voz: Levántate derecho sobre tus pies. Y él saltó y anduvo."

El apóstol fijó sus ojos en el cojo; ¿Cómo vio que éste tenía fe para ser sanado? Aquí tenemos el don de discernimiento en acción. Este cojo, lo mismo que el cojo que Pedro y Juan sanaron, y el ciego que Jesús sanó; quien era ciego de nacimiento también; había nacido así para que se manifestase en él la gloria de Dios.

Versos 11-13: "Entonces la gente, visto lo que Pablo había hecho, alzó la voz, diciendo en lengua licaónica: Dioses bajo la semejanza de hombres han descendido a nosotros.
Y a Bernabé llamaban Júpiter, y a Pablo, Mercurio, porque éste era el que llevaba la palabra. Y el sacerdote de Júpiter, cuyo templo estaba frente a la ciudad, trajo toros y guirnaldas delante de las puertas, y juntamente con la muchedumbre quería ofrecer sacrificios."

TOROS CON GUIRNALDAS

"DIOSES HAN BAJADO A NOSOTROS"

La gente de aquellas regiones adoraban a los dioses de Olimpo; los dioses de la mitología griega. A Bernabé lo llamaron Júpiter, el padre de los dioses, tal vez por sus canas. A Pablo lo llamaron Mercurio, el mensajero de los dioses, por su elocuencia.

El pueblo estaba gozoso, alborotado, pensando que estos "dioses" les honraban con su presencia. ¿No se da cuenta de la bulla que se forma cada vez que hay una "aparición" de María? Sin embargo todo se desvanece pronto.

Versos 14-18: "Cuando lo oyeron los apóstoles Bernabé y Pablo, rasgaron sus ropas, y se lanzaron entre la multitud, dando voces y diciendo: Varones, ¿por qué hacéis esto? Nosotros también somos hombres semejantes a vosotros, que os anunciamos que de estas vanidades os convirtáis al Dios vivo, que hizo el cielo y la tierra, el mar, y todo lo que en ellos hay.

En las edades pasadas él ha dejado a todas las gentes andar en sus propios caminos; si bien no se dejó a sí mismo sin testimonio, haciendo bien, dándonos lluvias del cielo y tiempos fructíferos, llenando de sustento y de alegría nuestros corazones. Y diciendo estas cosas, difícilmente lograron impedir que la multitud les ofreciese sacrificio."

¡Qué maravilloso mensaje! Convertirse de las vanidades de los ídolos, para servir al Único Dios que está vivo. Este mensaje es para el día presente.

Lo difícil es encontrar misioneros llenos del poder de Dios; que lo lleven a los países idólatras, donde se exponen a la muerte; donde la gente está dispuesta asesinar al que trate de sacarlos de las tinieblas a la Luz.

Sin embargo, Dios tiene miles de misioneros preparados y dispuestos para la batalla espiritual. El valor no es de ellos, sino del mismo Espíritu Santo que estaba en los apóstoles.

Pablo les dice que Dios ha tenido paciencia con los gentiles, dejándolos caminar en la vanidad de su mente, no quitándoles las bendiciones, pero que ya Dios abrió el camino; por medio del precio pagado por Jesús; y que ahora manda a todos los hombres, en todo lugar, a convertirse a Cristo para poder ser salvos.

Verso 19: "Entonces vinieron unos judíos de Antioquía y de Iconio, que persuadieron a la multitud, y habiendo apedreado a Pablo, le arrastraron fuera de la ciudad, pensando que estaba muerto."

PABLO Y BERNABÉ: APEDREADOS EN LISTRA. AL QUE AYER ADORABAN, HOY LO APEDREAN

Las masas no piensan. Los que ayer adoraban, ahora apedrean. El diablo trajo sus discípulos de Antioquía y de Iconio para instigar a las masas contra los apóstoles. Ellos apedrearon a Pablo, y lo mataron. ¿Se imagina los golpes, las pedradas que Pablo recibiría? Le arrastraron por encima de las piedras del camino hasta sacarlo fuera de la ciudad.

Los de Listra estaban muy ofendidos porque Pablo y Bernabé rechazaron el homenaje. Sólo necesitaron un empujoncito de los judíos para caer sobre los apóstoles.

¿Murió realmente Pablo en esta ocasión? El mismo no lo sabía, de acuerdo a 2 Corintios 12:2. Lo cierto es que declara que fue al paraíso.

Versos 20-23: "Pero rodeándole los discípulos, se levantó y entró en la ciudad; y al otro día salió con Bernabé para Derbe. Y después de anunciar el evangelio a aquella ciudad y de hacer muchos discípulos, volvieron a Listra, a Iconio y a Antioquía, confirmando los ánimos de los discípulos, exhortándoles a que permaneciesen en la fe, y diciéndoles: Es necesario que a través de muchas tribulaciones entremos al reino de Dios. Y constituyeron ancianos en cada iglesia, habiendo orado con ayunos, los encomendaron al Señor en quien habían creído."

Está claro que los hermanos oraron por Pablo y el Señor, no sólo le resucitó, sino que le sanó totalmente, pues le vemos salir e ir a otras ciudades evangelizando y estableciendo a los hermanos.

¿Cuál es el reino de Dios? La Iglesia. Hemos venido al Señor cuando ya no nos quedaba otro camino. A través de muchas tribulaciones hemos encontrado la puerta, que es Cristo. Pero recuerde que hay dos fases: Primero vemos el reino de Dios cuando nacemos del Espíritu, o cuando nos convertimos. Más tarde volvemos a nacer de la Palabra. Entonces es que entramos al reino de Dios. (Estudie Juan Cáp. 3).

¡Cuántas tribulaciones tiene que pasar el que sólo está viendo el reino de Dios! Este es el tiempo cuando el enemigo nos trata de sacar de los caminos del Señor. Hay una guerra continua entre la corrupción y la santificación. Más cuando nos establecemos en la Palabra, el enemigo pierde terreno porque sabemos cómo utilizar nuestras armas espirituales, y conocemos nuestros derechos y privilegios de los hijos de Dios.

¿Por qué establecieron ancianos para cuidar las iglesias recién nacidas? Porque aún no habían madurado lo suficiente para entrar en los ministerios. No olvidemos que no había palabra escrita del Nuevo Testamento. Los apóstoles tenían que estar visitando estas iglesias una y otra vez para preparar ministros para la obra del ministerio. Nadie puede ser ministro por sí sólo. Los que tratan de hacerlo caen en doctrinas erróneas.

Los grandes líderes de doctrinas falsas, como mormones, musulmanes, etc. han tenido visitas de ángeles. En el evangelio no es así. La orden es: los ministros preparan los ministros que el Señor llama.

Versos 24-28: "Pasando por Pisidia, vinieron a Panfilia. Y habiendo predicado la palabra en Perge, descendieron a Atalia. De allí navegaron a Antioquía, desde donde habían sido encomendados a la gracia de Dios para la obra que habían cumplido.

Y habiendo llegado, y reunido a la iglesia, refirieron cuán grandes cosas había hecho Dios con ellos, y cómo había abierto la puerta de la fe a los gentiles. Y se quedaron allí mucho tiempo con los discípulos."

Es maravilloso darse cuenta que la iglesia es llamada; "discípulos". Cada creyente es un estudiante de la Palabra de Dios. Esto echa fuera los entretenimientos, los "show", los conciertos, y las cosas que la gente inventa para tener las iglesias llenas. Es mejor tener dos estudiantes serios, que mil "chiringas o papalotes", a quienes no les importa la Palabra.

Cada vez que llegaban los apóstoles, se reunían todos los grupos a escuchar la Palabra de Dios. Todavía no se habían inventado los concilios, que causan división al cuerpo de Cristo. Eso vendría más tarde: 13 años después, (1 Corintios 1:12). Antioquía en Asia, o Turquía, se había convertido en el centro de la iglesia gentil.

CAPITULO # 15
Año 50

Versos 1-2: "Entonces algunos que venían de Judea enseñaban a los hermanos: Si no os circuncidáis conforme al rito de Moisés, no podéis ser salvos. Como Pablo y Bernabé tuviesen una discusión y contienda no pequeña con ellos, se dispuso que subiesen Pablo y Bernabé a Jerusalén y algunos otros de ellos, a los apóstoles y a los ancianos, para tratar esta cuestión."

Algunos sacerdotes de los convertidos de Jerusalén llegaron con sus ideas legalistas. El motivo secreto era el de aumentar el número para sacudirse el yugo romano. O tal vez tratar de poner a Moisés al nivel de Cristo. El caso debía resolverse en la jerarquía eclesiástica, en Jerusalén. ¿Hay discusiones por motivo de doctrinas? Vamos a la Jerarquía divina: La Palabra de Dios. Los católicos van al Papa, pero nosotros no tenemos "papa", aunque muchos quisieran serlo.

Versos 3-4 "Ellos, pues, habiendo sido encaminados por la iglesia, pasaron por Fenicia y Samaria, contando la conversión de los gentiles, y causaban gran gozo a todos los hermanos. Y llegados a Jerusalén, fueron recibidos por la iglesia y los apóstoles y los ancianos, y refirieron todas las cosas que Dios había hecho con ellos."

¿Cómo los encaminaba la iglesia? Con las ofrendas. Ellos no tenían dinero para moverse de un lugar a otro. Entonces había que pagar pasaje y comida y hotel como ahora. La iglesia tiene el sagrado deber de ayudar los misioneros, y los encargados de contar la ofrenda no deben robarla, y sólo dar un poco de lo recogido, porque es pecado. Es robarle a Dios quien es realmente el que envía al ministro.

Versos 5-6: "Pero algunos de la secta de los fariseos, que habían creído, se levantaron diciendo: Es necesario circuncidarlos, y mandarles que guarden la ley de Moisés. Y se reunieron los apóstoles y los ancianos para conocer el asunto."

La lucha y la persecución recibida por Pablo, era el resultado de los legalistas que querían que los creyentes gentiles fueran prosélitos de la iglesia judía. Los instigadores principales eran los fariseos convertidos. Los apóstoles tendrían la última palabra.

Versos 7-12: "Y después de mucha discusión, Pedro se levantó y les dijo: Varones hermanos, vosotros sabéis cómo ya hace algún tiempo que Dios escogió que los gentiles oyesen por mi boca la palabra del evangelio y creyesen. Y Dios, que conoce los corazones, les dio testimonio, dándoles el Espíritu Santo lo mismo que a nosotros.

Ninguna diferencia hizo entre nosotros y ellos, purificando por la fe sus corazones. Ahora, pues, ¿por qué tentáis a Dios, poniendo sobre la cerviz de los discípulos un yugo que ni nuestros padres ni nosotros hemos podido llevar? Antes creemos que por la gracia del Señor Jesús seremos salvos, de igual modo que ellos. Entonces toda la multitud calló, y oyeron a Bernabé y a Pablo, que contaban cuán grandes señales y maravillas había hecho Dios por medio de ellos entre los gentiles".

LOS FANÁTICOS RELIGIOSOS HACEN MUCHO DAÑO AL EVANGELIO Y AL PRÓJIMO

Pedro, el que con la llave del evangelio había abierto la puerta a los gentiles, era el más indicado para hablar en este asunto. Fue a él que el Señor le mostró que no había diferencia entre los judíos y los gentiles.

Él les dice que el Señor selló para él a los gentiles que le recibieron. Es muy peligroso hoy poner yugo a las personas que vienen a Cristo. Muchos ignorantes, como los fariseos de entonces; enseñan que las mujeres no pueden usar maquillaje, ni usar pantalones.

Ellos usan dos textos que no comprenden, y los aplican a sus estúpidas creencias, sin darse cuenta que esto detiene a muchas mujeres de venir a Cristo. Isaías 3, habla de las mujeres de Jerusalén siendo llevadas al cautiverio en Babilonia. Era un juicio para ellas, no para la mujer de la iglesia hoy. Ellas no están bajo juicio. Cristo les devolvió la corona que Eva perdió en la caída.

Ellos dicen que las mujeres no deben usar aretes, pero no le dicen que aquella Escritura dice también que no deben usar medias, ni peinillas, ni espejos, ni carteras, ni perfumes.

¿Qué mujer puede usar un pantalón de hombre? El corte es diferente. Además cuando se dio el mandato de que la mujer no se vista de varón, los hombres usaban falda. No tentemos a Dios, imponiendo nuestras ideas a las hermanas. Tampoco debemos pensar que somos más santas porque no nos ponemos pantalones ni maquillaje. La verdadera santidad viene al espíritu, no de la carne; y es un regalo de la gracia.

Versos 13-18: "Y cuando ellos callaron, Jacobo respondió diciendo: Varones hermanos, oídme. Simón ha contado cómo Dios visitó por primera vez a los gentiles; para tomar de ellos pueblo para su nombre. Y con esto concuerdan las palabras de los profetas, como está escrito:

Después de esto volveré Y reedificaré el tabernáculo de David, que está caído; Y repararé sus ruinas, y lo volveré a levantar, Para que el resto de los hombres busque al Señor, Y todos los gentiles, sobre los cuales es invocado mi nombre, Dice el Señor, que hace conocer todo esto desde tiempos antiguos."

Jacobo, el hermano del Señor, o Santiago, era el líder de la iglesia. El, citando la profecía del profeta Amós 9:11-12, que dio setecientos ochenta y siete años antes de Cristo, les explica que ella ha tenido su cumplimiento después del Sacrificio y Resurrección de Cristo.

"Después de esto" El cetro había sido quitado de la iglesia judía. "Reedificaré el tabernáculo de David". Esto se refiere a la iglesia; el Templo de Dios.

LAS CUATRO COSAS PROHIBIDAS A LOS CREYENTES

*Versos 19-21: "Por lo cual yo juzgo que no se inquiete a los gentiles que se convierten a Dios, sino que se les escriba que se aparten de **las contaminaciones de los ídolos, de fornicación, de ahogado y de sangre.** Porque Moisés desde tiempos antiguos tiene en cada ciudad quien lo predique en las sinagogas, donde es leído cada día de reposo."*

¿Por qué no se manda a los creyentes guardar los mandamientos de la Ley? Porque la nueva criatura la puede cumplir toda. A medida que va desarrollándose en él la Palabra de Dios, y ésta dominando su proceso pensante, cumple la ley.

La idolatría, a la que los hombres es adicta, porque forma parte de sus instintos naturales; tiene que ser erradicada de la vida del creyente porque es adulterio espiritual. El hombre tiene necesidad e adorar a algo o a alguien. Si ya conocemos a Dios, no tenemos necesidad de adorar muñecos, monos, elefantes, serpientes o piedras.

La inmoralidad sexual; fornicación, adulterio y pornografía, son una violación a la ley de la santidad y la del amor. Es darle gusto a las pasiones de la carne.
¡Cuántas enfermedades son trasmitidas por la fornicación! Si es adulterio es peor, pues es violación al pacto matrimonial. Nuestro primer hermano es nuestro compañero. Si lo traicionamos pasamos bajo maldición.

No comer animales ahogados, porque estos retienen la sangre. No comer sangre de ninguna manera, porque la vida está en la sangre, y en ella están todas las enfermedades. Debemos dar cuenta a Dios tanto de la que derramamos como de la que comemos en morcillas.

Estas son cuatro de las prohibiciones. El evangelio tiene miles de mandamientos. El mismo apóstol Santiago, en su libro, que es el campo de adiestramiento del creyente, nos da cincuenta y cuatro mandamientos. Esto quiere decir que obedecer estos cuatro solamente, no es suficiente.

Versos 22-29: "*Entonces pareció bien a los apóstoles y a los ancianos, con toda la iglesia, elegir entre ellos varones y enviarlos a Antioquía con Pablo y Bernabé: a Judas que tenía por sobrenombre Barrabás, y a Silas, varones principales entre los hermanos; y escribir por conducto de ellos: Los apóstoles y los ancianos, y los hermanos, a los hermanos de entre los gentiles que están en Antioquía, en Siria y en Cilicia, Salud.*

PABLO, BERNABÉ Y SILAS

Por cuanto hemos oído que algunos que han salido de nosotros, a los cuales no dimos orden, os han inquietado con palabras, perturbando vuestras almas, mandando circuncidaros y guardar la ley, nos ha parecido bien, habiendo llegado a un acuerdo, elegir varones y enviarlos a vosotros con nuestros amados Bernabé y Pablo, hombres que han expuesto su vida por el nombre de nuestro Señor Jesucristo.

Así que enviamos a Judas y a Silas, los cuales también de palabra os harán saber lo mismo. Porque ha parecido bien al Espíritu Santo, y a nosotros, no imponeros ninguna carga más que estas cosas necesarias:

que os abstengáis de lo sacrificado a los ídolos, de sangre, de ahogado y de fornicación; de las cuales cosas si os guardareis, bien haréis. Pasadlo bien."

Aquí vemos cómo se solucionó el problema de los judaizantes, quienes por su propia cuenta inventaron leyes para desviar a los gentiles de la gracia y someterlos a las obras de la ley.

Versos 30-32 "Así, pues, los que fueron enviados descendieron a Antioquía, y reuniendo la congregación, entregaron la carta; habiendo leído la cual, se regocijaron por la consolación. Y Judas y Silas, como ellos también eran profetas, consolaron y confirmaron a los hermanos con abundancia de palabras."

Se siente grande gozo cuando un gran peso es quitado de nosotros. Silas y Judas también eran profetas. ¿Qué es ser profeta? Muchos creen que es el poder de adivinar el futuro. Sin embargo, el profeta es el que predica la Palabra de Dios. Ellos, por medio de la predicación, los exhortaban, los enseñaban y los consolaban.

1 Corintios 14 nos enseña que la función del profeta es predicar la Palabra de Dios. Es revelar la Mente de Dios usando las Escrituras. La Profeta es la Palabra, dice 2 Pedro 1: 19.

Versos 33-38: "Y pasado algún tiempo allí, fueron despedidos en paz por los hermanos, para volver a aquellos que los habían enviado. Más a Silas le pareció bien el quedarse allí. Y Pablo y Bernabé continuaron en Antioquía, enseñando la palabra del Señor y anunciando el evangelio con otros muchos.

Después de algunos días, Pablo dijo a Bernabé: Volvamos a visitar a los hermanos en todas las ciudades en que hemos anunciado la palabra de Señor, para ver cómo están. Y Bernabé quería que llevasen consigo a Juan, en que tenía por sobrenombre Marcos; pero a Pablo no le parecía bien llevar consigo al que se había apartado de ellos desde Panfilia, y no había ido con ellos a la obra."

Silas es retenido por el Espíritu para continuar ministrando a la iglesia de Antioquía por un tiempo, mientras Pablo y Bernabé debían ir a regar la semilla sembrada en las regiones que habían visitado antes. Ellos estaban planeando un segundo viaje misionero, pero Pablo no quiso llevar al sobrino de Bernabé, Juan Marcos.

Aquí vemos una sombra de discordia entre los dos apóstoles. Nos parece que aún hay un poco de corrupción, sin embargo, el Señor tenía otros planes para Bernabé y Juan Marcos. Este debía ir a Jerusalén para sentarse a los pies de Pedro, para escribir el evangelio de Marcos.

Versos 39- 41: "Y hubo tal desacuerdo entre ellos, que se separaron el uno del otro; Bernabé, tomando a Marcos, navegó a Chipre, y Pablo, escogiendo a Silas, salió encomendado por los hermanos a la gracia del Señor. Y pasó por Siria y Cilicia, confirmando a las iglesias."

A causa del disgusto entre Pablo y Bernabé, Pablo escogió a Silas como compañero, y Bernabé a Juan Marcos. Así dio comienzo el segundo viaje misionero de Pablo. Muchas veces los desacuerdos entre los hermanos son permitidos por el Señor para hacer cumplir Sus planes.

CAPITULO # 16
Año 52

Versos 1-3: "Después llegó a Derbe y a Listra; y he aquí, había allí cierto discípulo llamado Timoteo, hijo de una mujer judía creyente, pero de padre griego; y daban buen testimonio de él los hermanos que estaban en Listra y en Iconio. Quiso Pablo que ése fuese con él; y tomándole, le circuncidó por causa de los judíos que había en aquellos lugares; porque todos sabían que su padre era griego."

¿Por qué Pablo tuvo que circuncidar a Timoteo? Porque todos sabían que su padre era griego. Como iba a salir a evangelizar junto con los apóstoles; y donde ellos iban entraban primero a la sinagoga; quiso eliminar cualquier reproche de parte de los judíos.

Versos 4-5: "Y al pasar por las ciudades, les entregaban las ordenanzas que habían acordado los apóstoles y los ancianos que estaban en Jerusalén, para que las guardasen. Así que las iglesias eran confirmadas en la fe, y aumentaban en número cada día."

Los apóstoles con Timoteo, visitaron las iglesias. Cuando la iglesia no tiene yugo, crece y se multiplica. ¡Qué duro es el yugo del pro-templo! Sin embargo es necesario si desean tener un templo propio.

Versos 6-8: "Y atravesando Frigia y la provincia de Galacia, les fue prohibido por el Espíritu Santo hablar la palabra en Asia; y cuando llegaron a Misia, intentaron ir a Bitinia, pero el Espíritu no se lo permitió. Y pasando junto a Misia, descendieron a Troas."

PABLO Y TIMOTEO

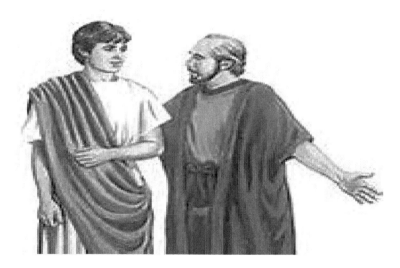

Aquí nos damos cuenta de que el Espíritu Santo es el Superintendente y Director de la iglesia. No sabemos por qué no les permitió evangelizar en aquella zona. Tal vez se lo había dejado a Pedro, como vemos en 1 Pedro 1:1.

Asia necesitaba el evangelio, pero esto no era el tiempo de Dios. El Señor no les permitió ir al norte o al sur, sino derecho hacia el oeste, hasta la misma puerta de Europa. En Troas se les unió Lucas.

El Señor muchas veces nos pone trabas para detenernos de hacer lo que nos parece, y no Su Voluntad. Muchas veces nos cierra la puerta por la que la lógica nos envía. El problema es que la lógica no es la base para un llamado.

Verso 9-10: "Y se le mostró a Pablo una visión de noche: un varón macedonio estaba en pie diciendo: Pasa a Macedonia y ayúdanos.

Cuando vio la visión, enseguida procuramos partir para Macedonia, dando por cierto que Dios nos llamaba para que les anunciásemos el evangelio."

Macedonia es la moderna Yugoslavia, hoy dividida en varias naciones: Kosovo, Bosnia, Montenegro, etc. El varón parece decirle: Estamos perdidos en Europa.

Versos 11-13: "Zarpando, pues, de Troas, vinimos con rumbo directo a Samotracia, y al día siguiente a Neápolis; y de allí a Filipos, que la primera ciudad de la provincia de Macedonia, y una colonia; y estuvimos en aquella ciudad algunos días. Y un día de reposo salimos fuera de la puerta, junto al río, donde solía hacerse la oración; y sentándonos, hablamos a las mujeres que se habían reunido. "

.Al fin llegaron a Filipos, que eran donde el Espíritu los dirigía. Esta era la capital de Macedonia, llamada así en honor al padre de Alejandro el Grande; mas ahora era una provincia de Roma. El oyó que un grupo de judíos se reunía a orar el día de reposo junto al río.

Versos 14-15: "Entonces una mujer llamada Lydia, vendedora de púrpura, de la ciudad de Tiatira, que adoraba a Dios, estaba oyendo; y el Señor abrió el corazón de ella para que estuviese atenta a lo que Pablo decía. Y cuando fue bautizada, y su familia, nos rogó diciendo: Si habéis juzgado que yo sea fiel al Señor, entrad en mi casa, y posad. Y nos obligó a quedarnos."

PASA A MACEDONIA Y AYÚDENOS: ESTAMOS PERDIDOS EN EUROPA

Aquí tenemos que la primera persona que el Señor tocó en el continente Europeo fue una mujer. Esta era de Tiatira, de Turquía, más por causa de sus negocios estaba en Filipos. Ella vendía púrpura, un material teñido.

Tiatira era famosa por sus tintes. Parece que ella era una mujer convertida al judaísmo. El Señor tenía grandes planes con ella, como lo veremos más adelante.

Es el Señor quien abre el corazón. Aunque nosotros tratemos de hacerlo, ese es el trabajo de la gracia. Lydia les dio el corazón a Cristo y su casa a los misioneros.

LIDIA, LA PRIMERA PASTORA DEL CONTINENTE EUROPEO

Versos 16-18: "Aconteció que mientras íbamos a la oración, nos salió al encuentro una muchacha que tenía espíritu de adivinación, la cual daba gran ganancia a sus amos, adivinando. Esta, siguiendo a Pablo y a nosotros daba voces diciendo:

Estos hombres son siervos del Dios Altísimo, quienes os anuncian el camino de salvación. Y esto lo hacía por muchos días; mas desagradando a Pablo, éste se volvió y dijo al espíritu: Te mando en el nombre de Jesucristo, que salgas de ella. Y salió en aquella misma hora."

Aquí nos encontramos a Satanás predicando. ¿Cuál era el propósito de esto? Para que los que abominaban la adivinación creyeran que ellos también eran adivinos como ella, y no le prestaran atención al evangelio.

Pablo, desagradado por la alabanza del demonio, lo reprendió. La joven esclava quedó liberada y en su sano juicio.

Versos 19-21: "Pero viendo sus amos que había salido la esperanza de su ganancia, prendieron a Pablo y a Silas, y los trajeron al foro, ante las autoridades; y presentándolos a los magistrados, dijeron; Estos hombres, siendo judíos, alborotan nuestra ciudad, y enseñan costumbres que no nos es lícito recibir ni hacer, pues somos romanos."

Enojados los amos, por la pérdida de ganancias; llevaron a los misioneros a la plaza de mercado, y les denunciaron ante la corte con mentiras y fabricaciones deshonestas. Note cómo la maldad de los corazones se manifiesta tan fácilmente cuando se trata de dinero. Su argumento era que siendo judíos, enseñaban en contra de sus dioses Apolo y Delfos.

Versos 22-25: "Y se agolpó el pueblo contra ellos; y los magistrados, rasgándoles las ropas, ordenaron azotarles con varas. Después de haberlos azotado mucho, los echaron en la cárcel, mandando al carcelero que los guardase con seguridad. El cual, recibido este mandato, los metió en el calabozo de más adentro, les aseguró los pies en el cepo.

Nos asombran los métodos usados por los magistrados. Ellos, sin escucharles; les azotaron mucho, y les rompieron la ropas. La costumbre judía era de dar treinta y nueve azotes; pero estos paganos no tenían ley; así que podemos pensar que molieron a palos a los misioneros, mientras la multitud enardecida, inspirado por el mismo diablo, demandaba más y más.

Entonces los entregaron al carcelero, quien no conforme con echarlos en el oscuro y frío calabozo, les aseguró los pies en el cepo; dos troncos de árboles que les aprisionaban por los tobillos.

Versos 25-26: "Pero a medianoche, orando Pablo y Silas, cantaban himnos a Dios; y los presos los oían. Entonces sobrevino de repente un gran terremoto, de tal manera que los cimientos de la cárcel se sacudían; y al instante se abrieron todas las puertas, y las cadenas de todos se soltaron."

PABLO Y SILAS EN LA CÁRCEL DE FILIPOS

Pablo y Silas, con sus espaldas molidas, y sentenciados a muerte; a medianoche cantaban himnos a Dios. Sabemos cuáal era la fuente de su fortaleza sobrenatural, pero nos sorprende su gozo en medio del dolor y la fiebre.

Esto nos recuerda el Salmo 149:5-7, donde se nos dice que cantemos alabanzas fuertemente cuando estamos enfermos en cama. Mientras cantamos, los ángeles ministradores aprisionan con grillos a los demonios, y a sus gobernadores con cadenas de hierro.

En tiempos de gran tribulación, enfermedad o dolor; sea físico o mental; debemos recordar que nuestro Señor está en control; quien no nos dejará ser tentados más de lo que podamos soportar.

El Señor respondió con un gran terremoto. Había llegado el momento del Señor para responder a la afrenta de sus siervos. Nos daremos cuenta que muchas veces el Señor permite que sus siervos fieles sean agredidos y afrentados; mas todo redunda para la gloria de Dios.

Las cadenas de todos los presos se cayeron. Esto significaba que el evangelio iba a librar a los cautivos por el diablo: Las puertas del reino de los cielos se iban a abrir de par en par para que entraran los redimidos.

Versos 27-30: "Despertando el carcelero, y viendo abiertas las puertas de la cárcel, sacó la espada y se iba a matar, pensando que los presos habían huido. Mas Pablo clamó a gran voz, diciendo: No te hagas ningún mal, pues todos estamos aquí. El entonces, pidiendo luz, se precipitó adentro, y temblando se postró a los pies de Pablo y Silas; y sacándolos, les dijo: Señores, ¿qué debo hacer para ser salvo?"

¿QUÉ DEBO HACER PARA SER SALVO?

Note que el carcelero estaba dormido en su cama. Pablo y Silas estaban en el calabozo en lo más profundo de la cárcel. Pablo, vio, por el don de discernimiento, cómo el carcelero sacaba la espada en su casa, y se preparaba para suicidarse.

Si los presos escapaban, él pagaba con su vida. Mas los presos no habían podido huir, porque estaban cautivos de la presencia divina.

Pablo lo detuvo de hacerse daño. La poderosa voz de Pablo, aumentada por el poder divino atravesó las gruesas paredes de la cárcel y llegó a los oídos. Aquellos milagros fueron suficientes para que el carcelero cayera de rodillas ante los apóstoles preguntando qué debía hacer para ser salvo.

Versos 31-34: "Ellos dijeron: Cree en el Señor Jesucristo, y serás salvo tú y tu casa. Y le hablaron la palabra del Señor a él y a todos los que estaban en su casa. Y él, tomándolos en aquella misma hora de la noche, les lavó las heridas; y enseguida se bautizó él con todos los suyos. Y llevándolos a su casa, les puso la mesa; y se regocijó con toda su casa de haber creído a Dios."

"Cree en el Señor Jesucristo" ¿Qué debe creer la persona para recibir la salvación? Creer que Jesús es Dios, no es suficiente. Los demonios también creen esto, y no se salvan. Los musulmanes creen que Jesús fue un gran profeta, pero esto no salva. Los hindúes creen que Jesús es el Señor Maytreya, pero no se salvan.

Debemos creer que Jesús, siendo Dios, se hizo hombre para actuar como Substituto nuestro. Que murió por nuestros pecados y resucitó para nuestra salvación. Esto fue lo que Pablo y Silas le predicaron a la familia del carcelero. Es lo que tenemos que predicar a la gente.

"Serás salvo tú y tu casa." Cuando aceptamos A Cristo estamos entrando en un pacto. Nuestros descendientes son beneficiarios de ese pacto. Criamos nuestros hijos en la iglesia; les hablamos de Cristo. Cuando llegan a ser adultos, algunos se rebelan, pero la semilla está sembrada. Algún día germina, porque llevan el evangelio dentro.

Versos 35-38: "Cuando fue de día, los magistrados enviaron alguaciles a decir: Suelta a aquellos hombres. Y el carcelero hizo saber estas palabras a Pablo: Los magistrados han mandado a decir que se os suelte; así que ahora salid, y marchaos en paz. Pero Pablo les dijo:

Después de azotarnos públicamente sin sentencia judicial, siendo ciudadanos romanos, nos echaron en la cárcel, ¿y ahora nos echan encubiertamente? No, por cierto, sino vengan ellos mismos a sacarnos. Y los alguaciles hicieron saber estas palabras a los magistrados, los cuales tuvieron miedo al oír que eran romanos."

Los jueces enviaron sargentos a dejarlos en libertad. Ellos pensaban que la paliza y la noche en la cárcel eran castigo suficiente para agradar a los judíos. Pero Pablo había callado respecto a que era ciudadano romano. La ley romana prohibía castigar un ciudadano sin haberle celebrado juicio. Esto se castigaba con la muerte. ¿Por qué Pablo no reveló que él y Silas eran ciudadanos romanos para evitar el castigo?

Versos 39-40: "Y viniendo, les rogaron; y sacándolos, les pidieron que salieran de la ciudad. Entonces, saliendo de la cárcel, entraron en casa de Lidia, y habiendo visto a los hermanos, los consolaron y se fueron."

Cuando los magistrados; quienes temían más a Cesar que a Dios, vinieron a la cárcel, le rogaron a Pablo y a Silas que no los denunciaran. Entonces Pablo y Silas les hicieron jurar que protegerían la recién nacida iglesia establecida en la casa de Lidia, donde ella era la pastora.

CAPÍTULO # 17
Año 53

Versos 1-4: "Pasando por Anfípolis y Apolonia, llegaron a Tesalónica, donde había una sinagoga de los judíos.

Y Pablo, como acostumbraba, fue a ellos, y por tres días de reposo discutió con ellos, declarando y exponiendo por medio de las Escrituras, que era necesario que el Cristo padeciese, y resucitase de los muertos; y que Jesús, a quien yo os anuncio, decía él, es el Cristo. Y algunos de ellos creyeron, y se juntaron con Pablo y con Silas; y de los griegos piadosos gran número, y mujeres nobles no pocas."

Pablo y Silas fueron treinta millas al suroeste, a Anfípolis. Su próxima parada fue Apolonia, otras treinta millas más al suroeste; luego fueron al oeste, a Tesalónica; una ciudad situada estratégicamente en rutas de mercaderes.

Ellos fueron a la sinagoga, y por tres sábados les predicó acerca del Mesías. Era necesario llevar el evangelio a los judíos primero. De ellos hubo una buena cosecha de prosélitos griegos.

Versos 5-9: "Entonces los judíos que no creían, teniendo celos, tomaron consigo a hombres ociosos, hombres malos, y juntando una turba, alborotaron la ciudad; y asaltando la casa de Jasón procuraban sacarlos al pueblo. Pero no hallándolos, trajeron a Jasón y a algunos hermanos ante las autoridades de la ciudad, gritando:

Estos que trastornan el mundo entero también han venido acá; a los cuales Jasón ha recibido; y todos estos contravienen los decretos de César, diciendo que hay otro rey, Jesús. Y alborotaron al pueblo y a las autoridades de la ciudad, oyendo estas cosas. Pero obtenida fianza de Jasón y de los demás, los soltaron."

Los judíos celosos de que la gente se fuera con Pablo, instigaron al pueblo y las autoridades civiles en su contra. Entonces insinuaron que ellos eran unos renegados que trataban de formar partidos políticos en contra de César.

El pobre Jasón fue llevado preso junto con algunos hermanos por haberles dado posada en su casa. Cuando el diablo no encuentra de qué acusar los hijos de Dios inventa argumentos en su contra. "Los que trastornan el mundo entero." No eran los apóstoles los que trastornaban al mundo, sino los judíos que les perseguían de ciudad en ciudad. Claro que el reino de las tinieblas había sido trastornado cuando Cristo resucitó, pero los apóstoles eran embajadores de paz.

Versos 10-12: "Inmediatamente, los hermanos enviaron de noche a Pablo y a Silas hasta Berea. Y ellos, habiendo llegado, entraron en la sinagoga de los judíos. Y éstos eran más nobles que los que estaban en Tesalónica, pues recibieron la palabra con toda solicitud, escudriñando cada día las Escrituras para ver si estas cosas eran así. Así que creyeron muchos de ellos, y mujeres griegas de distinción, y no pocos hombres."

El Señor Jesús había dicho que cuando nos persiguieran en una ciudad, huyéramos a otra. Por eso Pablo fue a Berea, donde encontró oídos prestos al evangelio.

La persona inteligente; como los de Berea, antes de rechazar algo, lo escudriñan. El ignorante se conoce en que rechaza todo lo que no está de acuerdo a sus ideas.

Versos 13- 15: "Cuando los judíos de Tesalónica supieron que también en Berea era anunciada la palabra de Dios por Pablo, fueron allá y también alborotaron a las multitudes. Pero inmediatamente los hermanos enviaron a Pablo que fuese hacia el mar; y Silas y Timoteo se quedaron allí. Y los que se habían encargado de conducir a Pablo le llevaron a Atenas; y habiendo recibido orden para Silas y Timoteo, de que viniesen a él lo más pronto que pudiesen, salieron."

Los perseguidores, como estos judíos; son instrumentos en la mano del diablo. La luz del evangelio era muy brillante para los que vivían en las más densas tinieblas espirituales. Su ciego fanatismo les hacía fácil ser mensajeros de Satanás. Lo más triste era que estaban luchando contra Dios mismo.

PABLO EN ATENAS

Para los que son fanáticos ciegos como ellos, y se tornan en perseguidores, deteniendo la palabra de Dios, hay una seria amenaza en Romanos 1:18. "Porque la ira de Dios se revela desde el cielo contra toda impiedad e injusticia de los hombres que detienen con injusticia la verdad."

Versos 16-18: "Mientras Pablo los esperaba en Atenas, su espíritu se enardecía viendo la ciudad entregada a la idolatría.

Así que discutía en la sinagoga con los judíos piadosos, y en la plaza cada día con los que concurrían.

Y algunos filósofos de los epicúreos y de los estoicos disputaban con él; y unos decían: ¿Qué querrá decir este palabrero? Y otros: Parece que es predicador de nuevos dioses; porque les predicaba el evangelio de Jesús, y de la resurrección."

Atenas era la capital de Grecia; la cuna de la educación, la filosofía, la cultura y las artes. Pablo no admiraba la belleza de las esculturas, ni de los magníficos edificios; pero se escandalizaba al ver la gran idolatría que había en la ciudad.

El no perdía el tiempo admirando las bellezas, sino que les predicaba. Algunos pensaban que adoraba a un nuevo dios. Es raro que mientras más conocimiento tiene alguno es más idólatra.

Los epicúreos creían que ellos eran dioses; que Dios era como ellos. Los estoicos creían que Dios estaba en el átomo; que era un Dios impersonal. Estas dos son las creencias básicas de la Nueva Era. Gracias a Madame Eddie, estas creencias continúan vivas en la Ciencia Cristiana.

EL DIOS NO CONOCIDO, ES EL QUE YO PREDICO

Los arios se levantaron en el año 250 DC y hoy se conocen como Testigos de Jehová. Ellos creen que Jesús es un ser creado, pero todas esas creencias surgieron de la cultura griega.

Verso 19-21: "Y tomándole, trajeron al Areópago, diciendo: ¿Podremos saber qué es esta nueva enseñanza de que hablas? Pues traes a nuestros oídos cosas extrañas. Queremos, pues, saber qué quiere decir esto. (Porque todos los atenienses y los extranjeros residentes allí, en ninguna otra cosa se interesaban sino en decir o en oír algo nuevo):

El Areópago estaba en la Colina de Marte, y era la corte. Allí los jueces quisieron saber qué nueva religión estaba Pablo predicando. Al menos en ellos había cierta curiosidad, pues todos querían oír algo nuevo.

Versos 22-25: "Entonces Pablo, puesto en pie en medio del Areópago, dijo: Varones atenienses, en todo observo que sois muy religiosos; porque pasando y mirando vuestros santuarios, hallé también un altar en el cual estaba esta inscripción:

Al DIOS NO CONOCIDO. Al que vosotros adoráis, pues, sin conocerle, es a quien yo os anuncio. El Dios que hizo el mundo y todas las cosas que en él hay, siendo Señor del cielo y la tierra, no habita en templos hechos por manos humanas, ni es honrado por manos de hombres, como si necesitase de algo; pues él es quien da a todos vida y aliento y todas las cosas."

Pablo les dijo que se daba cuenta que ellos eran muy religiosos. En toda la ciudad había monumentos de todos los dioses de Olimpo; de la mitología griega. En sus observaciones vio un altar que tenía un nombre peculiar. Ellos lo habían levantado por si se habían olvidado de alguno, que no se enojara contra ellos.

Entonces aprovechó esta ayuda visual para introducir al Dios de Abraham, Isaac y Jacob. Él les dice que Dios no habita en templos hechos por los hombres, pues él es quien da aliento y vida a todas las cosas.

Versos 26-28: "Y de una sangre ha hecho todo el linaje de los hombres, para que habiten sobre toda la faz de la tierra; y les ha prefijado el orden de los tiempos, y los límites de su habitación; para que busquen a Dios, si en alguna manera, palpando, puedan hallarle, aunque ciertamente no está lejos de cada uno de nosotros. Porque en él vivimos, y nos movemos, y somos; como algunos de vuestros propios poetas también han dicho: Porque linaje suyo somos."

Aquí la palabra corta de un tajo las diferencias raciales que tanto Dios abomina. **"De una sola sangre."**

Es admirable reconocer que todos tenemos nuestro ombligo enterrado en el Huerto del Edén. Todos descendemos de Adán y Eva. Todos tenemos nuestras raíces en el Medio Oriente.

"Y DE UNA MISMA SANGRE HA HECHO TODO EL LINAJE DE LOS HOMBRES"

Cuando nos damos cuenta que Abraham era de Irak, Pablo de Turquía, y Jesús de Israel, entendemos que las raíces espirituales de los creyentes están en el Medio Oriente; que la Biblia es un libro oriental, nos damos cuenta cuánto nos afectan a nosotros los acontecimientos de aquella región.

El poeta que dijo que somos linaje de Dios, fue Heráclito. Este vivió 500 años AC. Él fue contemporáneo de los profetas Hageo y Zacarías. Él enseñaba que todo lo que existe vino del fuego.

Versos 29-31: "Siendo, pues, linaje de Dios, no debemos pensar que la Divinidad sea semejante a oro, plata, o piedra, escultura de arte y de imaginación de hombres. Pero Dios, habiendo pasado por alto los tiempos de esta ignorancia, ahora manda a todos los hombres, en todo lugar que se arrepientan; por cuanto establecido un día en el cual juzgará al mundo con justicia, por aquel varón a quien designó, dando fe con haberle levantado de los muertos."

El elocuente Pablo les dice que si somos linaje de Dios, no debemos pensar que Dios es una estatua, porque nosotros no lo somos. Hasta aquel momento Dios había dejado que cada persona anduviera en la vanidad de su mente; pero que desde que Cristo resucitó de entre los muertos, Dios ha dado el mandamiento de que todos se arrepientan, antes que venga el tiempo de comparecer ante la Suprema Corte del Universo, donde Cristo es el Juez.

Versos 32-34: "Pero cuando oyeron lo de la resurrección de los muertos, unos se burlaban, y otros decían: Ya te oiremos acerca de esto otra vez. Mas algunos creyeron, juntándose con él; entre los cuales estaba Dionisio el areopagita, una mujer llamada Damaris, y otros con ellos."

La cruz era el tema de contienda de los judíos. 1 Corintios 1:18-23 dice que para los judíos era tropezadero, para los griegos locura; pero lo que los griegos no pudieron digerir fue lo de la resurrección. Para ellos era motivo de burla.

Dionisio era un senador. Él había visto un eclipse el día en que Jesús fue crucificado. Esto lo llevó a abrir su corazón al evangelio junto a Damaris y algunos otros hermanos. Ellos fueron la semilla de la iglesia en Atenas.

CAPITULO # 18
Año 54

Versos 1-4: "Después de estas cosas, Pablo salió de Atenas y fue a Corinto. Y halló a un judío llamado Aquila, natural del Ponto, recién venido de Italia con Priscila su mujer, por cuanto Claudio había mandado que todos los judíos saliesen de Roma. Fue a ellos, y como era del mismo oficio, se quedó con ellos, y trabajaban juntos, pues el oficio de ellos era de hacer tiendas. Y discutía en la sinagoga todos los días de reposo, y persuadía a judíos y a griegos."

Pablo fue a Corinto, junto al mar. Allí estaba Aquila, un judío turco con Priscila, su mujer. Pablo se unió a ellos a trabajar haciendo tiendas de campaña. (Los judíos dicen que si no enseñamos los hijos a trabajar nos salen ladrones).

El César romano en ese tiempo era Claudio, enemigo de los judíos. Por eso Priscila y Aquila tuvieron que salir de Roma. Pablo no perdía tiempo, pues todos los sábados estaba en la sinagoga predicando el evangelio.

Versos 5-7: "Y cuando Silas y Timoteo vinieron de Macedonia, Pablo estaba entregado por entero a la predicación de la palabra, testificando a los judíos que Jesús era el Cristo. Pero oponiéndose y blasfemando éstos, les dijo, sacudiéndose los vestidos: Vuestra sangre sea sobre vuestra cabeza; yo, limpio; desde ahora me iré a los gentiles. Y saliendo de allí se fue a la casa de uno llamado Justo, temeroso de Dios, la cual estaba junto a la sinagoga."

Lo que Pablo le predicaba a los judíos era el evangelio que declara que Jesús era el Mesías. El problema surgía cuando les decía que Jesús había sido crucificado en una cruz. Deuteronomio 21:23 dice que es maldito de Dios el colgado en un madero; mas esto se refiere al que es ahorcado.

Jesús no fue ahorcado, sino crucificado. Entonces Pablo decidió por segunda vez irse a los gentiles, y se mudó con Justo, un creyente gentil como Cornelio.

Versos 8-11: "Y Crispo, el principal de la sinagoga, creyó en el Señor con toda su casa; y muchos de los corintios, oyendo, creían y eran bautizados. Entonces el Señor dijo a Pablo en visión de noche: No temas, sino habla, y no calles; porque yo estoy contigo, y ninguno pondrá sobre ti la mano para hacerte mal, porque yo tengo mucho pueblo en esta ciudad. Y se detuvo allí un año y seis meses, enseñándoles la palabra de Dios."

Crispo era el Rabino de la sinagoga. Este se convirtió con toda su casa. Esta conversión fue uno de los motivos por los que la gran multitud se convirtió al Señor en Corinto. Como Pablo era inquieto, ya estaba listo para irse a otro lugar. El Señor lo detuvo un largo tiempo allí para que estableciese a los nuevos creyentes.

Versos 12-16: *"Pero siendo Galión procónsul de Acaya, los judíos se levantaron de común acuerdo contra Pablo y le llevaron al tribunal, diciendo: Este persuade a los hombres a honrar a Dios contra la ley. Y al comenzar Pablo a hablar, Galión dijo a los judíos: Si fuera algún agravio o algún crimen enorme, OH judíos, conforme al derecho yo os toleraría. Pero si son cuestiones de palabras, y de nombres, y de vuestra ley, vedlo vosotros; porque yo no quiero ser juez de estas cosas."*

Note la maldad y los celos de los judíos. Ellos se atrevieron llevar a Pablo al tribunal del gobernador de Acaya. Esto sucedió año y medio después de su llegada a Corinto. El Gobernador no encontró culpa en Pablo y los echó del tribunal. Una vez más el Señor avergonzó al diablo.

Versos 17-18: *"Entonces todos los griegos, apoderándose de Sóstenes, principal de la Sinagoga, le golpearon delante del tribunal, pero a Galión nada se le daba de ello. Mas Pablo, habiéndose detenido aún muchos días allí, después se despidió de los hermanos y navegó a Siria, y con él Priscila y Aquila, habiéndose rapado la cabeza en Cencrea, porque tenía hecho voto."*

SÓSTENES: SE CONVIRTIÓ DESPUÉS DE UNA PALIZA

Sostenes era un prosélito judío, español, hermano de Séneca, el tutor de Nerón. Hubo Desacato en la corte. Sóstenes, el principal de la sinagoga, el acusador principal; fue golpeado públicamente por los griegos recién convertidos. Esta paliza en la corte dio como resultado que Sóstenes se convirtió al Señor, porque le vemos saludando la iglesia en la primera carta que Pablo envió a los Corintios.

Algunos comentaristas no están de acuerdo con que fuera el que se rapó la cabeza en Cencrea, habiendo hecho voto de Nazareo. Ellos piensan que no fue él, sino Aquila; pero esto no puede ser comprobado.

Versos 19-21: "Y llegó a Éfeso, y los dejó allí; y entrando en la sinagoga, discutía con los judíos, los cuales le rogaban que se quedase con ellos por más tiempo; mas no accedió, sino que se despidió de ellos, diciendo: Es necesario que en todo caso yo guarde en Jerusalén la fiesta que viene: pero otra vez volveré a vosotros, si Dios quiere. Y zarpó de Éfeso."

Éfeso era una ciudad de la moderna Turquía. Allí fue bien recibido por los judíos. El dejó allí a Priscila y Aquila para que instruyeran la iglesia. Diez años más tarde, Timoteo sería el joven pastor de la iglesia de Éfeso. Como buen judío cristiano, debía ir a Jerusalén para la fiesta.

Versos 22-23: "Habiendo arribado a Cesarea, subió para saludar a la iglesia, luego descendió a Antioquía. Y después de estar allí algún tiempo, salió, recorriendo por orden la región de Galacia y de Frigia, confirmando a todos los discípulos."

Pablo no deja de visitar las iglesias para regar con la palabra la semilla sembrada.

Versos 24-26: "Llegó entonces a Éfeso un judío llamado Apolos, natural de Alejandría, varón elocuente, poderoso en las Escrituras. Este había sido instruido en el camino del Señor; y siendo de espíritu fervoroso, hablaba y enseñaba diligentemente lo concerniente al Señor, aunque solamente conocía el bautismo de Juan. Y comenzó a hablar con denuedo en la sinagoga; pero cuando le oyeron Priscila y Aquila, le tomaron aparte y le expusieron más exactamente el camino de Dios."

Apolos era un judío egipcio, elocuente maestro de las Escrituras del Antiguo Testamento. En Alejandría en Egipto, setenta escribas judíos habían escrito la Septuaginta.

El solo había sido bautizado con el bautismo de Juan, que señalaba hacia Cristo, pero no conocía los misterios del evangelio; la muerte y resurrección de Jesús. Es de notar que humildemente se dejó enseñar. "Al que tiene se le dará más". El que es verdaderamente sabio, se deja enseñar. El reconoció que no lo sabía todo. El que no se deja enseñar, detiene su desarrollo espiritual.

Versos 27-28: "Y queriendo él pasar a Acaya, los hermanos le animaron, y escribieron a los discípulos que le recibiesen; y llegado él allá, fue de gran provecho a los que por la gracia habían creído; porque con gran vehemencia refutaba públicamente a los judíos, demostrando por las Escrituras que Jesús era el Cristo."

Apolos fue a Acaya. Como conocía muy bien las Escrituras, podía probar que Jesús era el Mesías de los judíos. También podía regar lo que Pablo había sembrado.

CAPÍTULO #19

Versos 1-7: "Aconteció que entre tanto que Apolos estaba en Corinto, Pablo, después de recorrer las regiones superiores, vino a Éfeso, y hallando a ciertos discípulos, les dijo: ¿Recibisteis el Espíritu santo cuando creísteis? Y ellos le dijeron: Ni siquiera hemos oído si hay Espíritu Santo.

Entonces dijo: ¿En qué, pues, fuisteis bautizados? Ellos dijeron: En el bautismo de Juan. Dijo Pablo: Juan bautizó con bautismo de arrepentimiento, diciendo al pueblo que creyesen en aquel que vendría después de él, esto es, en Jesús el Cristo.

Cuando oyeron esto, fueron bautizados en el nombre del Señor Jesús. Y habiéndoles impuesto Pablo las manos, vino sobre ellos el Espíritu Santo; y hablaron en lenguas y profetizaban. Eran por todos unos doce hombres."

Pablo regresó a Éfeso. Él tenía una nueva misión que cumplir allí. El encontró doce candidatos para el ministerio. Estos habían sido bautizados con el bautismo de Juan. Este bautismo les había señalado el camino a la salvación. Pablo les preguntó si ya habían sido sellados con el Espíritu Santo.

Ellos ni sabían si había Espíritu Santo. Inmediatamente que oyeron el evangelio, fueron bautizados en el Espíritu Santo, o sumergidos en él.

¿EN QUÉ, PUES, FUISTEIS BAUTIZADOS?

Entonces tuvieron la segunda experiencia: Fueron llenos del Espíritu Santo, y comenzaron a hablar en otras lenguas, o en otros idiomas. Ellos necesitaban ese don para poder predicar el evangelio en donde el Señor los enviara.

¿Ha pensado usted en el maravilloso don de lenguas de Pablo? Él hablaba turco, hebreo, griego, arameo, latín, etc. Él iba por los diferentes países predicando sin intérprete. Más para escribir, necesitó secretario.

Versos 8-10: "Y entrando Pablo en la sinagoga, habló con denuedo por espacio de tres meses, discutiendo y persuadiendo acerca del reino de Dios.

Pero endureciéndose algunos y no creyendo, maldiciendo el Camino delante de la multitud, se apartó Pablo de ellos y separó a los discípulos, discutiendo cada día en la escuela de uno llamado Tiranno.

Así continuó por espacio de dos años, de manera que todos los que habitaban en Asia, judíos y griegos, oyeron la palabra del Señor Jesús."

Tres meses habló Pablo en la sinagoga de los judíos. ¿Se endurecieron algunos? A los que la gracia no toca, se endurecen más y más para su propia destrucción. Seguro que aquellos pretendían ser fieles a su religión. Al retener la poca luz que tenían, rechazaron la luz más brillante, y se hundieron más en las tinieblas.

Pablo sacó de la sinagoga a los hermanos. Él no podía dejarlos allí, porque no iba a continuar echando las perlas a los cerdos. Esto sucedió doce años antes del juicio de Jerusalén en el año setenta. Entonces estuvo enseñando por dos años en Éfeso.

PABLO EN ÉFESO. TEMPLO DE DIANA

Versos 11-12:" Y hacía Dios milagros extraordinarios por mano de Pablo, de tal manera que aún se llevaba a los enfermos los paños o delantales de su cuerpo, y las enfermedades se iban de ellos, y los espíritus malos salían."

La mujer que tenía flujo de sangre, tocó el manto de Jesús, y de él salió virtud. Así la ropa de Pablo tenía virtud. ¿No tendrá virtud la ropa de los creyentes? Nunca lo sabremos si no lo experimentamos.

A JESÚS CONOZCO, Y SÉ QUIÉN ES PABLO, PERO USTEDES; ¿QUIÉNES SON?

Versos 13-16: "Pero algunos de los judíos, exorcistas ambulantes, intentaron invocar el nombre del Señor Jesús sobre los que tenían espíritus malos, diciendo: Os conjuro por Jesús, el que predica Pablo. Había siete hijos de un tal Esceva, judíos, jefe de los sacerdotes, que hacían esto.

Pero respondiendo el espíritu malo, dijo: A Jesús conozco, y sé quién es Pablo; pero vosotros, ¿Quiénes sois? Y el hombre en quien estaba el espíritu malo, saltando sobre ellos y dominándolos, pudo más que ellos, de tal manera que huyeron de aquella casa desnudos y heridos."

Aunque los espiritistas digan que tienen poder para sacar demonios de la gente, lo cierto es que es una mentira. El demonio que habita en ellos no echa fuera demonios.
Que hay gente endemoniada, es una realidad. El cuerpo del creyente es templo del Espíritu Santo; pero el del incrédulo e un taller del diablo.

Si los demonios no se manifiestan más abiertamente, en los Estados Unidos, es porque hay muchos creyentes. En los países donde el evangelio es rechazado, hay mucha más manifestación de demonios.

Aquellos siete hijos del jefe de los sacerdotes de la sinagoga en Efeso, se ganaban la vida haciendo exorcismos, como los curas de hoy. Que sabían que Pablo echaba fuera demonios en el Nombre de Jesús, es obvio, porque intentaron hacer lo mismo con el endemoniado.

Note la fuerza sobrenatural de los endemoniados, o los locos. El sólo atacó a los siete muchachos; los hirió y los desnudó. El demonio dijo que conocía a Jesús y que sabía quién era Pablo.

Es maravilloso darse cuenta que los demonios nos conocen y nos temen. ¿Qué usaba Pablo para echar fuera los demonios? El Nombre de Jesús. Esa es la fórmula. Cada creyente tiene el poder de abogado para echar fuera demonios en ese Nombre.

Versos 17-20: "Y esto fue notorio a todos los que habitaban en Éfeso, así judíos como griegos; y tuvieron temor todos ellos, y era magnificado el nombre del Señor Jesús. Y muchos de los que habían creído venían, confesando y dando cuenta de sus hechos.

Asimismo muchos de los que habían practicado la magia trajeron los libros y los quemaron delante de todos; y hecha la cuenta que de cincuenta mil piezas de plata. Así crecía y prevalecía poderosamente la palabra del Señor."

Nos damos cuenta que el Señor pelea sus batallas solo. Este hecho de los exorcistas, infundió temor en todo la ciudad. Esto nos recuerda 1 Samuel Cáp. 5 y 6; donde está la historia de la captura del arca por los filisteos. Si lee los dos capítulos, se dará cuenta que Dios pelea sólo.

Los magos quemaron los libros de magia. La palabra del Señor es una semilla que crece y prevalece porque es algo vivo y activo. El nombre de Jesús fue magnificado, y la iglesia aumentó en número.

Muchas de las sacerdotisas de Diana, también se convirtieron y se unieron a la iglesia. Más tarde quisieron introducir las doctrinas de Diana en la iglesia, por lo que Pablo le escribió a Timoteo que no permitiera que las mujeres hablaran en la congregación. 250 años más tarde se llamó a Diana; "María la madre de Dios."

Versos 21-22: "Pasadas estas cosas, Pablo se propuso en espíritu ir a Jerusalén después de recorrer Macedonia y Acaya, diciendo: Después que haya estado allí, me será necesario también ir a Roma. Y enviando a Macedonia a dos de los que le ayudaban, Timoteo y Erasto, él se quedó por algún tiempo en Asia."

Pablo cuidaba las iglesias recién nacidas. Él envió maestros a Macedonia, o Yugoeslavia. Él se quedó en Turquía, y de allí envió la primera carta a los Corintios, en el año 56.

Versos 23-27: "*Hubo por aquel tiempo un disturbio no pequeño acerca del camino. Porque un platero llamado Demetrio, que hacía de plata templecillos de Diana, daba no poca ganancia a los artífices;*

"los cuales, reunidos con los obreros del mismo oficio, dijo: Varones, sabéis que de este oficio obtenemos nuestra riqueza; pero veis y oís que este Pablo, no solamente en Efeso, sino en casi toda Asia, ha apartado a muchas gentes con persuasión, diciendo que no son dioses los que se hacen con las manos. Y no solamente hay peligro de que este nuestro negocio venga a desacreditarse, sino también que el templo de la gran diosa Diana sea estimado como nada, y comience a ser destruida la majestad de aquella a quien venera toda Asia, y el mundo entero."

EL MIEDO DE LOS IDÓLATRAS DE ÉFESO.

Los fabricadores de templecillos levantaron protesta. La palabra y los milagros hechos en el nombre de Jesús estaban destruyendo la idolatría. El negocio de los plateros estaba en peligro.

Podemos entender su agravio cuando vemos que aquel templo era una de las siete maravillas del mundo. Las otras seis eran: 1: Los jardines colgantes de Babilonia. 2: El Faro de Alejandría en Egipto. 3: Mausoleo de Hircalano. 4 El Coloso de Rodas. 5: La Gran Pirámide. 6: Estatua de Zeus. Hoy sólo existe la Gran Pirámide en Egipto.

La Diosa Diana era adorada en el mundo entero. Los indios adoraban el Totem Pole, un símbolo de Asera, la diosa de las encinas. En Egipto se adoraba con el nombre de Isis, con su hijo Osiris. En India como Indrani, con su hijo Ishwara. En Canaán se adoraba como Astoret. En Babilonia como Semiramis con su hijo-esposo Nimrod. En Persia como Ishtar. En Grecia como Artemisa. En Roma como Venus.

En Méjico como la Guadalupe. En Cuba como la Caridad. Y así todos los países adoran a Diana bajo nombres diferentes. Ella es conocida como la madre de Dios y esposa de Dios; y como la reina del cielo. Es la misma reina del cielo mencionada en Jeremías 7:18.

Lo raro es que esto lo dijo 600 años antes de Cristo. "Los hijos recogen la leña, los padres encienden el fuego, y las mujeres amasan la masa para hacer tortas a la reina del cielo, y para hacer ofrendas a dioses ajenos, para provocarme a ira."

Con cuánto odio persiguen a los que se atrevan hablar en contra de ella. En el 1950 se inventaron que María había subido al cielo en cuerpo y alma. Pero nosotros sabemos que ni ella, ni Pedro, ni Pablo, ni ninguno de los santos del Nuevo Testamento, ha resucitado. Ellos se irán con nosotros en el Rapto, porque forman parte del cuerpo de Cristo, la Iglesia.

Versos 28-32: "Cuando oyeron estas cosas, se llenaron de ira, y gritaron, diciendo: ¡Grande es Diana de los efesios! Y la ciudad se llenó de confusión, y a una se lanzaron al teatro, arrebatando a Gayo y a Aristarco, macedonios, compañeros de Pablo. Y queriendo Pablo salir al pueblo, los discípulos no le dejaron.

También algunas de las autoridades de Asia, que eran sus amigos, le enviaron recado, rogándole que se presentase en el teatro. Unos, pues, gritaban una cosa, y otros otra; porque la concurrencia estaba confusa, y los más no sabían porque se habían reunido."

Demetrio y sus colegas, no eran muy religiosos. Lo que ellos temían era que se les acabara el negocio. La multitud no piensa. Cuando están en un estadio, por ejemplo, todos gritan a la vez. Muchos ni sabían por qué estaban reunidos. Lo único que sabían era que alguien había insultado a su diosa. ¿Qué usted cree que pasaría si un creyente dice algo en contra de la Guadalupe en Méjico, o de Alá entre los musulmanes?

El discurso de Demetrio enardeció a muchos. Gayo y Aristarco, compañeros de viaje de Pablo, fueron tomados prisioneros. Los amigos temían por la vida de Pablo.

DIANA DE LOS EFESIOS

Versos 33-34: "Y sacaron de entre la multitud a Alejandro, empujándole los judíos. Entonces Alejandro, pedido silencio con la mano, quería hablar en su defensa ante el pueblo. Pero cuando le conocieron que era judío, todos a una voz gritaron casi por dos horas: ¡Grande es Diana de los efesios!"

Este Alejandro es el "calderero" de 2 Timoteo 4:14. Es el mismo que le causaría grandes males a Pablo. Era judío que pretendía defender a los judíos, diciendo que éstos eran inocentes en el asunto de lo que Pablo hablaba. Cuando se dieron cuenta que era judío, se enardecieron más.

Verso 35: "Entonces el escribano, cuando había apaciguado a la multitud, dijo: Varones efesios, ¿y quién es el hombre que no sabe que la ciudad de los efesios es guardiana del templo de la gran diosa Diana, y de la imagen venerada de Júpiter?"

Es notable que el demonio controla las multitudes. Diana era representada por una mujer con 25 senos. Ellos decían que ella había sido sacada de Júpiter.

Versos 36-41: "Puesto que habéis traído a estos hombres, sin ser sacrílegos no blasfemadores de vuestra diosa. Que si Demetrio y los artífices que están con él tiene pleito contra alguno, audiencias se conceden, y procónsules hay; acúsense los unos a los otros.

Y si demandáis alguna otra cosa, en legítima asamblea se puede decidir. Porque peligro hay de que seamos acusados de sedición por esto de hoy, no habiendo ninguna causa por la cual podamos dar razón de este concurso. Y habiendo dicho esto, despidió la asamblea."

El sabio escribano apaciguó a la multitud. Gayo y Aristarco, fueron dejados en libertad.

CAPÍTULO # 20
Año 59

Versos 1-5: "Después que cesó el alboroto, llamó Pablo a los discípulos, y habiéndolos exhortado y abrazado, se despidió y salió para ir a Macedonia. Y después de recorrer aquellas regiones, y de exhortarle con abundancia de palabras, llegó a Grecia.

Después de haber estado allí tres meses, y siendo puestas acechanzas por los judíos para cuando se embarcase para Siria, tomó la decisión de volver por Macedonia. Y le acompañaron hasta Asia, Sópater de Berea, Aristarcoi y Segundo de Tesalónica, Gayo de Derbe, y Timoteo; y de Asia Síquico y Prófimo. Estos, habiéndose adelantado, nos esperaron en Troas."

Siete hermanos de diferentes nacionalidades acompañaron a Pablo. En Cristo no hay diferencia, porque todos estamos bajo la bandera de la cruz. Todos los creyentes somos ciudadanos del reino de los cielos. Los judíos siempre estaban planeando hacerle daño a Pablo. En el día presente, tienen a Pablo como el peor enemigo del judaísmo.

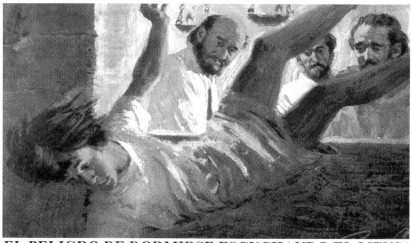

EL PELIGRO DE DORMIRSE ESCUCHANDO EL MENSAJE

Versos 6-12: "Y nosotros, pasados los días de los panes sin levadura, navegamos de Filipos, y en cinco días nos reunimos con ellos en Troas, donde nos quedamos siete días.
El primer día de la semana, reunidos los discípulos para partir el pan, Pablo enseñaba, habiendo de salir el día siguiente; y alargó el discurso hasta la medianoche.

Y había muchas lámparas en el aposento alto donde estaban reunidos; y un joven llamado Eutico, que estaba sentado en la ventana, rendido de un sueño profundo, por cuanto Pablo disertaba largamente, vencido del sueño cayó del tercer piso abajo, y fue levantado muerto.

Entonces Pablo descendió y se echó sobre él, y abrazándole, dijo; No os alarméis, pues está vivo. Después de haber subido, y partido el pan y comido, habló largamente hasta el alba; y así salió. Y llevaron al joven vivo, y fueron grandemente consolados."

PABLO RESUCITÓ A EUTICO

Lucas estaba en Filipos con los hermanos, pero fue a Troas a encontrarse con Pablo. Ellos se reunían a tomar la Santa Cena el primer día de la semana, o sea el Domingo. El sábado estaban en la sinagoga.

Pablo hablaba largo. Eutico, como joven al fin, no ponía mucha atención a la Palabra. Hay un grave peligro en esto. Si no nos interesa mucho el que habla, al menos debemos respetar la palabra. Este joven cayó del tercer piso y se mató, pero Pablo le resucitó.

Entonces continuó hablando hasta el amanecer. Había que aprovechar el tiempo. Cuando tenemos los maestros con nosotros, debemos aprovechar el tiempo, y tratar de aprender lo más posible, antes de que nos sean quitados.

En los versos 13-38 (Lea estos versos en su Biblia); tenemos la reunión de ministros y el discurso que Pablo les diera acerca de su ministerio en Mileto, Turquía. Allí les informa que ya no volverá a ellos. También les avisa que después de él vendrían lobos rapaces que tratarían de desviarlos de la gracia y llevarlos a las obras de los legalistas.

El verso 32 sobre sale como una antorcha encendida. "Y ahora, hermanos os encomiendo a Dios, y a la palabra de su gracia, que tiene poder para sobreedificaros y daros herencia con los santificados".

Pablo encomienda en su oración a la iglesia, a Dios y a la palabra. Es la palabra la que nos sobreedifica y nos enseña a disfrutar de nuestra herencia.

También les dice que los santos no deben ser codiciosos de plata ni de oro. Esto corta de un tajo la presente doctrina de la prosperidad, porque ella siembra la codicia y desvía la mirada de las cosas espirituales para ponerlas en las materiales. También los ministros deben retratarse en el espejo de Pablo, y medirse por esta medida para ver si no están vendiendo su ministerio por dinero.

CAPITULO # 21
Año 60

Versos 1-4: "Después de separarnos de ellos, zarpamos y fuimos con rumbo directo a Cos, y al día siguiente a Rodas, y de allí a Pátara. Y hallando un barco que pasaba a Fenicia, nos embarcamos, y zarpamos. Al avistar Chipre, dejándola a mano izquierda, navegamos a Siria, y arribamos a Tiro, porque el barco había de descargar allí. Y hallados los discípulos, nos quedamos allí siete días; y ellos nos decían por el Espíritu, que no subiese a Jerusalén."

Pablo y sus acompañantes salieron de Mileto y fueron en barco hasta Tiro. Aquel era un puerto importante de Palestina. Se quedó con la iglesia de Tiro siete días, enseñándoles la palabra.

Versos 5-7: "Cumplidos aquellos días, salimos, acompañándonos todos, con sus mujeres e hijos, hasta fuera de la ciudad; y puestos de rodillas en la playa, oramos. Y abrazándonos los unos a los otros, subimos al barco y ellos se volvieron a sus casas. Y nosotros completamos la navegación, saliendo de Tiro y arribando a Tolemaida; y habiendo saludado a los hermanos, nos quedamos con ellos un día."

Tolemaida era un puerto cerca de la moderna Haifa. El nombre le había sido puesto en honor a Ptolomeo. En una visita de un día, Pablo estimuló a los hermanos.

Versos 8-11: "Al otro día saliendo Pablo y los que con él estábamos, fuimos a Cesarea; y entrando en casa de Felipe el evangelista, que era uno de los siete, posamos con él. Este tenía cuatro hijas que profetizaban. Y permaneciendo nosotros allí algunos días, descendió de Judea un profeta llamado Agabo, quien viniendo a vernos, tomó el cinto de Pablo y atándose los pies y las manos, dijo: Esto dice el Espíritu Santo: Así atarán los judíos en Jerusalén, al varón de quien es este cinto, y le entregarán en manos de los gentiles."

Los hermanos posaron en casa de Felipe el evangelista. Este es el mismo que fue diácono de los primeros cristianos. Sus hijas profetizaban. Aunque algunos dicen que no lo hacían en la congregación, citando la prohibición de 1 Cor. 14:28, y 1 Tim. 2:11), realmente es una ignorancia de la historia Bíblica. En Corinto, las mujeres fueron reprendidas por hablar mientras Pablo estaba predicando. En 1 Cor. 11:5 dice que la mujer debe profetizar. ¿Será que debe predicarse ella misma?

En 1 Timoteo se les prohibió a las mujeres enseñar, por causa de las sacerdotisas de Diana, que querían enseñar sus doctrinas a los hermanos.

¿Se equivocaría Dios cuando dijo que las jóvenes profetizarían? ¿Se equivocaría Dios al dar el don de profecía a estas cuatro jovencitas? ¿Para qué serviría el don si no podían usarlo en la congregación? ¡Cuánto deberán responder ante Dios los que le ponen bozal a las siervas del Señor! El Salmo 68: 11 dice: "El Señor daba palabra. Había grande multitud de las que llevaban buenas nuevas".

El profeta Agabo era profeta. Él tenía el ministerio de profeta. El profeta tiene, entre sus muchos dones, el don de profecía. Las hijas de Felipe profetizaban, pero no tenían el ministerio de profeta. Agabo había profetizado acerca del hambre que vendría al mundo en Hechos 11:28.

EL PROFETA AGABO AVISA A PABLO DEL PELIGRO QUE LE ESPERA EN ROMA

El imitaba a los profetas del Antiguo Testamento. Se ató con el cinto de Pablo para dar una ayuda visual de lo que le sucedería al apóstol en Jerusalén.

Versos 12-14: "Al oír esto, le rogamos nosotros y los de aquel lugar, que no subiese a Jerusalén. Entonces pablo respondió: ¿Qué hacéis llorando y quebrantándome el corazón? Porque estoy dispuesto no sólo a ser atado, más aun a morir en Jerusalén por el nombre del Señor Jesús. Y como no le pudimos persuadir, desistimos, diciendo: Hágase la voluntad del Señor."

¿Qué nos enseña la respuesta de Pablo? Que aunque el profeta nos profetice, debemos obedecer la Palabra de Dios antes que al profeta. El Señor le había enviado a Jerusalén, y él obedecería al Señor; no al profeta, ni a los sentimentalismos de los hermanos.

Versos 15-17: "Después de esos días, hecho ya los preparativos, subimos a Jerusalén. Y vinieron también con nosotros de Cesarea algunos discípulos, trayendo consigo a uno llamado Mnasón, de Chipre, discípulo antiguo, con quien nos hospedaríamos. Cuando llegamos a Jerusalén, los hermanos nos recibieron con gozo."

El Señor cuida de nosotros. Ya él tenía el hospedaje de ellos preparado. Note que los creyentes se llaman "discípulos". Cada creyente debe ser un discípulo dispuesto a aprender para llevar alimento a otros. Los religiosos eran los fariseos.

Versos 18-20: " *Y al día siguiente Pablo entró con nosotros a ver a Jacobo, y se hallaban reunidos todos los ancianos; a los cuales, después de haberles saludado, les contó una por una las cosas que Dios había hecho entre los gentiles por su ministerio. Cuando ellos lo oyeron, glorificaron a Dios y le dijeron: Ya ves, hermano, cuantos millares de judíos hay que han creído; y todos son celosos de la ley.*"

Pablo le da detalles de lo que Dios ha hecho por medio de él. Jacobo y los ancianos se gozan por la conversión de tantos judíos y gentiles.

Versos 21-25: "Pero se les ha informado en cuanto a ti, que enseñas a todos los judíos que están entre los gentiles a apostatar de Moisés, diciéndoles que no circunciden a sus hijos, ni observen sus costumbres. ¿Qué hay, pues? La multitud se reunirá de cierto, porque oirán que has venido.

Haz, pues, esto que te decimos: Hay entre nosotros cuatro hombres que tienen obligación de cumplir voto. Tómalos contigo, purifícate con ellos, y para sus gastos par que se rasuren la cabeza; y todos comprenderán que no hay nada de lo que se les informó acerca de ti, sino que tú también andas ordenadamente, guardando la ley.

Pero en cuanto a los gentiles que han creído, nosotros les hemos escrito determinadamente que no guarden nada de esto; solamente que se abstengan de lo sacrificado a los ídolos, de sangre, de ahogado y de fornicación."

Era cierto que Pablo enseñaba que Cristo es el fin de la ley para justificar a los que creen. Que una vez que el judío aceptaba a Cristo ya no estaba bajo la ley. También enseñaba que si el hombre recibía la circuncisión para justificarse, era cortado de la salvación por la fe en Cristo.

Enseñaba que regresar a los tipos y a las sombras de la ley era una deshonra a Cristo. Ahora podemos entender por qué los judíos se escandalizaban.

Los ancianos de Jerusalén tenían un plan para aplacar los ánimos de los judíos. Cuatro hermanos, que habían hecho voto de nazareos, debían cumplirlo.
Pablo debía pagar por los cuatro, demostrando con ello que no estaba en contra de la ley. ¿Hipocresía? ¿Sabiduría?

Versos 27-30: "Pero cuando estaban para cumplirse los siete días, unos judíos de Asia, al verle en el templo, alborotaron a toda la multitud y le echaron mano, dando voces:

¡Varones israelitas, ayudad! Este es el hombre que por todas partes enseña a todos contra el pueblo y este lugar; y además de esto, ha metido a griegos en el templo, ha profanado este santo lugar.

Porque antes habían visto con él en la ciudad a Trófimo, de Éfeso, a quien pensaban que Pablo había metido en el templo. Así que toda la ciudad se conmovió, y se agolpó el pueblo; y apoderándose de Pablo, le arrastraron fuera del templo, e inmediatamente cerraron las puertas."

A pesar de los esfuerzos de los hermanos para evitarle problemas a Pablo, éste es descubierto por los de Asia. Podemos pensar que Dios lo descubrió. El descubrió a Saúl cuando se escondía entre el bagaje. (1 Samuel 10:20-24). También descubrió a la mujer de Jeroboan, en 1 Reyes 14: 1-7.

Los judíos estaban tan celosos del templo en Jerusalén como los efesios lo estaban del templo de Diana. Ellos celaban las sombras de la Ley, sin darse cuenta que la Ley era una sombra de Cristo.

Versos 31-36: "Y procurando ellos matarle, se le dio aviso al tribuno de la compañía que toda la ciudad de Jerusalén estaba alborotada. Este, tomando luego soldados y centuriones, corrió a ellos. Y cuando ellos vieron al tribuno y a los soldados, dejaron de golpear a Pablo.

PABLO, APRESADO EN EL TEMPLO EN JERUSALÉN

Entonces, llegando el tribuno, le prendió y le mandó atar con dos cadenas, y preguntó quién era y qué había hecho. Pero entre la multitud, unos gritaban una cosa, y otros otra; y como podía entender nada de cierto a causa del alboroto, le mandó llevar a la fortaleza. Al llegar a las gradas, aconteció que era llevado en peso por los soldados a causa de la violencia de la multitud; porque la muchedumbre del pueblo venía detrás, gritando: ¡Muera!"

Lisias era el tribuno. Era un romano. Al ocurrir el alboroto del pueblo, él respondió con soldados y centuriones para mantener la paz. Pero veamos cómo Dios usó una piedra. Los judíos no preguntaron, sino que le atacaron sin misericordia ni juicio.

Los romanos, aunque eran más crueles, no castigaban a un hombre sin antes llevarlo a juicio. El tribuno llevó a Pablo a la Torre de Antonia.

Aquellos religiosos se olvidaron de la misericordia que debía haberlos señalado como pueblo de Dios. Así las pasiones por causa de la religión han sido la causa primordial de las guerras entre los pueblos.

Versos 37-40: "Cuando comenzaron a meter a Pablo a la fortaleza, dijo al tribuno: ¿Se me permite decirte algo? Y él dijo: ¿Sabes griego? ¿No eres tú aquel egipcio que levantó una sedición antes de esto días, y sacó al desierto los cuatro mil sicarios?

Entonces dijo Pablo: Yo de cierto soy hombre judío de Tarso, ciudadano de una ciudad no insignificante Cilicia; pero te ruego que me permitas hablar al pueblo. Y cuando él se lo permitió, Pablo, estando en pie en las gradas, hizo señal con la mano al pueblo. Y hecho silencio, habló en lengua hebrea, diciendo:"

Pablo le habló en griego a Lisias. Este le preguntó si era el egipcio; que levantó un ejército de bandidos asesinos. Pablo le dijo que era un ciudadano romano. Entonces Pablo le reveló que era ciudadano romano.

CAPÍTULO # 22:
Año 60

Versos 1-3 "Varones hermanos, y padres, oíd ahora mi defensa ante vosotros. Al oír que les hablaba en lengua hebrea, guardaron más silencio. Y él les dijo: Yo de cierto soy judío, nacido en Tarso de Cilicia, pero criado en esta ciudad, instruido a los pies de Gamaliel, estrictamente conforme a la ley de nuestros padres, celoso de Dios, como hoy lo sois vosotros."

El pueblo alborotado, al oír a Pablo hablar en lengua hebrea, puso atención. Es importante recordar que en Israel el pueblo hablaba arameo. El hebreo era el idioma sagrado.

Él les dice que estudio a los pies de Gamaliel; esto significaba que era un fariseo de fariseos. Entonces Pablo procede a dar su testimonio registrado en los versos 4-16.

PABLO ANTE EL GRAN SANEDRÍN

Versos 17-21: "Y me aconteció, vuelto a Jerusalén, que orando en el templo me sobrevino un éxtasis, Y le vi que me decía: Date prisa, y sal prontamente de Jerusalén; porque no recibirán tu testimonio acerca de mí. Yo dije: Señor, ellos saben que yo encarcelaba y azotaba en todas las sinagogas a los que creían en ti; y cuando se derramaba la sangre de Esteban tu testigo, yo mismo también estaba presente, y consentía en su muerte, y guardaba las ropas de los que le mataban. Pero me dijo: Ve, porque yo te enviaré lejos a los gentiles."

Aquí sobresale el hecho de que Pablo guardaba las ropas de los que apedreaban a Esteban.

Versos 22-28: "Y le oyeron hasta esta palabra; entonces alzaron la voz, diciendo: Quita de la tierra al tal hombre, porque no conviene que viva. Y como ellos gritaban y arrojaban sus ropas y lanzaban polvo al aire, mandó el tribuno que le metiesen en la fortaleza, y ordenó que fuese examinado con azotes, para saber por qué causa clamaban así contra él. Pero cuando le ataron con correas, Pablo dijo al centurión que estaba presente: ¿Os es lícito azotar a un ciudadano romano sin haber sido condenado?"

Cuando el centurión oyó esto, fue y dio aviso al tribuno, diciendo: ¿Qué vas a hacer? Porque este hombre es ciudadano romano. Vino el tribuno y le dijo: Dime, ¿eres tú ciudadano romano? Él dijo: Si. Respondió el tribuno. Yo con una gran suma adquirí esta ciudadanía, Entonces Pablo dijo: Pero yo lo soy de nacimiento."

¿Tendría el Dios de Abraham, de Isaac y de Jacob misericordia para los gentiles, a los cuales los judíos comparaban con perros? Esto debía contestarlo su conciencia. La conclusión era que no. Por eso quisieron que Pablo muriera.

A pesar de que Pablo era una persona paciente, esta vez no se iba a dejar azotar, ni matar. Todavía no había llegado la hora de sellar con sangre su ministerio. En otras ocasiones ocultó su ciudadanía para cumplir los propósitos de proteger a las iglesias. Ahora declara que es romano de nacimiento.

Versos 29-30: "Así que, luego se apartaron de él los que le iban a dar tormento; y aun el tribuno, al saber que era ciudadano romano, también tuvo temor de haberle atado. Al día siguiente, queriendo saber de cierto la causa por la cual le acusaban los judíos, le soltó las cadenas, y mandó venir a los principales sacerdotes y a todo el concilio, y sacando a Pablo, le presentó ante ellos."

Los que le iban a azotar se apartaron de Pablo. Todo esto entraba en los planes divinos. Aun Pablo no había terminado de predicarle el evangelio a los grandes sacerdotes y al Gran Sanedrín.

CAPITULO # 23
Año 60

Versos 1-3: "Entonces Pablo, mirando fijamente al concilio, dijo: Varones hermanos, yo con toda buena conciencia he vivido delante de Dios hasta el día de hoy. El sumo sacerdote Ananías ordenó a los que estaban junto a él, que le golpeasen en la boca. Entonces Pablo le dijo: ¡Dios te golpeará a ti pared blanqueada! ¿Estás tú sentado para juzgarme conforme a la ley, y quebrantando la ley me mandas golpear?"

Pablo comparece a Juicio ante el Gran Sanedrín. Aun sin terminar de hablar, el sumo sacerdote, Ananías, lo manda a golpear. Ya los cinco que enjuiciaron a Jesús, habían muerto. Pablo lo llamó "pared blanqueada" Jesús los había llamado "sepulcros blanqueados". Luego Pablo pronuncia la maldición que se cumplió diez años después. Los romanos lo mataron cuando huía por el acueducto, en el año setenta.

Versos 4-6 "Los que estaban presentes dijeron: ¿Al sumo sacerdote de Dios injurias? Pablo dijo: No sabía, hermanos que era el sumo sacerdote; pues escrito está: No maldecirás a un príncipe de tu pueblo. Entonces Pablo, notando que una parte era de saduceos y otra de fariseos, alzó la voz en el concilio: Varones hermanos, yo soy fariseo, hijo de fariseo; acerca de la resurrección de los muertos se me juzga."

Note que Pablo, en medio de la presión actuaba con sabiduría. Él sabía que el sanedrín se componía de dos grupos. Los fariseos creían en el mundo espiritual, y la vida después de la muerte. Los saduceos eran ateos. Entonces aprovecha la oportunidad que le ofrece esta circunstancia en su favor.

Versos 7-10: "Cuando dijo esto, se produjo disensión entre los fariseos y los saduceos, y la asamblea se dividió. Porque los saduceos dicen que no hay resurrección, ni ángel, ni espíritu; pero los fariseos afirman estas cosas. Y hubo gran vocerío; y levantándose los escribas de la parte de los fariseos, contendían, diciendo:

Ningún mal hallamos en este hombre; que si un espíritu le ha hablado, o un ángel, no resistamos a Dios. Y habiendo grande disensión, el tribuno, teniendo temor de que Pablo fuese despedazado por ellos, mandó que bajasen soldados y le arrebatasen de en medio de ellos, y le llevasen a la fortaleza."

El tribuno, notando que los del concilio se estaban portando cómo fieras salvajes, tuvo temor de que despedazasen a Pablo. Los soldados le llevaron a la fortaleza de Antonia, el cuartel general de los soldados romanos.

Versos 11: "A la noche siguiente se le presentó el Señor y le dijo: Ten ánimo, Pablo, pues como ha testificado de mí en Jerusalén, así es necesario que testifiques también en Roma."

Cuando todo parecía perdido para Pablo, el Señor le da la fortaleza y la seguridad para que continúe en su labor. Así a nosotros nos fortalece con Su Palabra.

Versos 12-15: "Venido el día, algunos de los judíos tomaron un complot y se juramentaron bajo maldición, diciendo que no comerían ni beberían hasta que hubieren dado muerte a Pablo. Eran más de cuarenta los que habían hecho esta conjuración, los cuales fueron a los principales sacerdotes y a los ancianos y dijeron:

Nosotros nos hemos juramentado bajo maldición, a no gustar nada hasta que hayamos dado muerte a Pablo. Ahora, pues, vosotros, con el concilio, requerid al tribuno que le traiga mañana ante vosotros, como qué queréis indagar alguna cosa más cierta acerca de él; y nosotros estaremos listos para matarle antes que llegue."

El diablo estaba trabajando a través de aquellos judíos fanáticos. Ellos pensaban que le estaban haciendo un favor a Dios. Así los perseguidores de la iglesia han pensado que estaban trabajando para Dios, cuando en realidad estaban firmando su destino eterno.

Estos hicieron pacto. No comerían ni beberían hasta acabar con Pablo. Este ayuno los mataría, porque si no lo cumplían, pasarían bajo al maldición de Deuteronomio 28: 15-68. Ellos se echaron la soga al cuello cuando pusieron a los sacerdotes y a los ancianos de testigos de su complot, porque éstos verían que se cumpliera el voto. Mejor era morir que pasar bajo la maldición. Tres días sin beber serían suficientes para matarlos. Cuarenta morirían por uno, o pasarán bajo maldición.

Verso 16: "Mas el hijo de la hermana de Pablo, oyendo hablar de la celada, fue y entró en la fortaleza, y dio aviso a Pablo."

No era una casualidad que el sobrino de Pablo escuchara lo que hablaban los judíos. El Señor estaba protegiendo a Pablo.

Versos 17-22: "Pablo, llamando a uno de los centuriones, dijo: Lleva a este joven ante el tribunal, porque tiene cierto aviso que darle. El tribuno, tomándole de la mano y retirándose aparte, le preguntó: ¿Qué es lo que tienes que decirme? Él le dijo: Los judíos han convenido en rogarte que mañana lleves a Pablo ante el concilio, como que van a inquirir alguna cosa más acerca de él.

Pero tú no le creas; porque más de cuarenta hombres de ellos le acechan, los cuales se han juramentado bajo maldición a no comer ni beber hasta que le hayan dado muerte; y ahora están listos esperando tú promesa. Entonces el tribuno despidió al joven, mandándole que a nadie dijese que le había dado aviso de esto."

El Señor deshizo el malvado plan de los judíos, pues fue El quien inspiró al tribuno a proteger a Pablo.

Versos 23-24 "Y llamando a dos centuriones, mandó que se preparasen para la hora tercera de la noche doscientos soldados, setenta jinetes y doscientos lanceros, para que fuesen hasta Cesarea; y que preparasen cabalgadura en que poniendo a Pablo, le llevasen a en salvo a Felix el gobernador."

Es notable la escolta: cuatrocientos setenta soldados llevarían a Pablo hasta Cesarea donde residía el gobernador romano de la provincia. Esto nos recuerda la escolta que le dieran al Arca del Pacto, los cinco príncipes de los filisteos; cuando la devolvieron a los israelitas. (1Sam. 6)

Versos 25-30: "Y escribió una carta en estos términos:
Claudio Lisias al excelentísimo gobernador Félix: Salud.
A este hombre, aprehendido por los judíos, y que iban ellos a matar, lo libré yo acudiendo con la tropa habiendo sabido que era ciudadano romano. Y queriendo saber la causa por qué le acusaban, le llevé al concilio de ellos; y hallé que le acusaban por cuestiones de la ley de ellos, pero que ningún delito tenía digno de muerte o de prisión.

Pero al ser avisado de acechanzas que los judíos habían tendido contra este hombre, al punto le he enviado a ti, intimando también a los acusadores que traten delante de ti lo que tengan contra él. Pasadlo bien."

El comandante se identifica como Claudio Lisias. Es de notar que él se retrata en la carta como el héroe y defensor de la justicia pública. Él tenía temor que Félix supiera que él había atado a un ciudadano romano sin haberle celebrado juicio. Menos mal que Pablo no dijo nada.

Versos 31-35: "Y los soldados, tomando a Pablo como se les ordenó, llevaron de noche a Antípatris. Y al día siguiente, dejando a los jinetes que fuesen con él, volvieron a la fortaleza. Cuando aquéllos llegaron a Cesarea, y dieron la carta al gobernador, presentaron también a Pablo delante de él. Y el gobernador, leída la carta, preguntó de qué provincia era; y habiendo entendido que era de Cilicia, le dijo: Te oiré cuando vengan tus acusadores. Y mandó que le custodiasen en el pretorio de Herodes."

De Jerusalén a Antípatris había 30 millas. De Antípatris a Casarea había 24. Allí residía Félix. Este había sido levantado de la esclavitud a una posición política prominente en el Imperio Romano. Era sumamente inmoral.

Cuando asumió el cargo de gobernador de Judea, tenía tres esposas pertenecientes a la realeza. Estando en el poder se enamoró de Drusila, esposa de Azizo, rey de Emesa. El matrimonio fue hecho por Simón, el mago de Chipre.

Su crueldad se hizo evidente cuando ordenó el asesinato del sumo sacerdote Jonatan, quien le criticaba por su mal sistema de gobernar. (De acuerdo a Josefo) Pablo quedó preso en el pretorio de Herodes, en Cesarea.

CAPITULO # 24
Año 60

Versos 1-4: "Cinco días después, descendió el sumo sacerdote Ananías con algunos de los ancianos y un cierto orador llamado Tértulo, y comparecieron ante el gobernador contra Pablo. Y cuando éste fue llamado, Tértulo comenzó a acusarle, diciendo: Como debido a ti gozamos de gran paz, y muchas cosas son bien gobernadas en el pueblo por tu prudencia, Oh excelentísimo Félix, lo recibimos en todo tiempo y en todo lugar con toda gratitud. Pero por no molestarte más largamente, te ruego que nos oigas brevemente conforme a tu equidad."

Tértulo era un abogado romano, a quien el Sanedrín contrató para el juicio de Pablo ante Félix. El comienza su acusación contra Pablo con halagos hacia Félix.

Lo que dijo, en parte era cierto; pues el gobernador había mantenido el orden al castigar severamente cualquier insurgencia o desorden.

Versos 5-9: "Porque hemos hallado que este hombre es una plaga, y promotor de sediciones entre todos los judíos por todo el mundo, y cabecilla de la secta de los nazarenos. Intentó también profanar el templo;
y prendiéndole, quisimos juzgarle conforme a nuestra ley. Pero el tribuno Lisias, con gran violencia le quitó de nuestras manos, mandando a sus acusadores que viniesen a ti. Tú mismo, pues, al juzgarle, podrás informarte de todas estas cosas de que le acusamos. Los judíos también confirmaban diciendo ser así todo."

TÉRTULO DIJO: "ESTE HOMBRE ES UNA PLAGA:

Los judíos exponen su acusación: 1: Pablo es una plaga, una peste. 2: Es el creador de una revuelta entre los judíos. 3: Era el jefe de los nazarenos. 4: Trató de profanar el templo.

Versos 10-13: "Habiéndole hecho señal el gobernador a Pablo para que hablase, éste respondió: Porque sé que desde hace muchos años eres juez de esta nación, con buen ánimo haré mi defensa. Como tú puedes cerciorarte, no hace más de doce días que subí a adorar a Jerusalén; y no me hallaron disputando con ninguno ni amotinando a la multitud, ni en las sinagogas ni en la ciudad; ni te pueden probar las cosas de que ahora me acusan."

Es interesante notar que en este juicio no hay fiscal acusador, ni abogado defensor. Así fue en el juicio de Jesús. Pablo asume su propia defensa. No hay pruebas de las cosas que le acusan.

Versos 14-16: "Pero esto te confieso, que según el Camino que ellos llaman herejía, así sirvo al Dios de mis padres, creyendo todas las cosas que en la ley y en los profetas están escritas; teniendo esperanza en Dios, la cual ellos también abrigan, de que ha de haber resurrección de los muertos, así de justos como de injustos. Y por eso procuro tener siempre una buena conciencia sin ofensa ante Dios y ante los hombres."

Los judíos llamaban herejía al evangelio. Con esto cerraban el camino a la luz que les traería la salvación, porque ya Dios había establecido un Nuevo Pacto en la Sangre de Cristo, dando por terminado el antiguo pacto con la sangre de becerros y machos cabríos. (Estudie Hebreos 8:8-13)

Pablo le dijo que él creía en la ley y la guardaba. El creía en la resurrección de los muertos y por eso procuraba tener buena conciencia ante Dios. Este es el freno, puntal y sostén del creyente; la seguridad de la resurrección.

Versos 17-21: "Pero pasados algunos años, vine a hacer limosnas a mi nación y presentar ofrendas. Estaba en ello, cuando unos judíos de Asia me hallaron purificado en el templo, no con multitud ni con alboroto.

Ellos debieran comparecer ante ti y acusarme, si contra mí tienen algo. O digan éstos mismos si hallaron en mí alguna cosa mal hecha, cuando comparecí ante el concilio, a no ser que estando entre ellos prorrumpí en alta voz: Acerca de la resurrección de los muertos soy juzgado hoy por vosotros."

Pablo continuo su defensa. Los que debieron haber estado presentes eran los judíos venidos de Asia. Entonces le informó que ya el concilio le había hecho juicio antes y no le habían hallado culpable, porque él apelaba a la cuestión de la resurrección, el hueso de contienda entre fariseos y saduceos.

Versos 22-23: "*Entonces Félix, oídas estas cosas, estando bien informado de este Camino, les aplazó, diciendo: Cuando descendiere el tribuno Lisias, acabaré de conocer de vuestro asunto. Y mandó al centurión que se custodiase a Pablo, pero que se le concediese alguna libertad, y que no impidiese a ninguno de los suyos servirle o venir a él.*"

Cuando Félix oyó el caso, se enfrentó con un dilema. El conocía suficiente acerca de la fe cristiana para saber quién estaba correcto. Él sabía que el prisionero no había violado ninguna ley romana; pero si lo dejaba en libertad incurría en la ira de los judíos.

Desde el punto de vista político, no le convenía enojar a los judíos. Entonces decidió esperar a Lisias. No tenemos registro de que esto se hubiera cumplido.

Versos 24-27: "*Algunos días después viniendo Félix con Drusila su mujer, que era judía, llamó a Pablo, y le oyó acerca de la fe en Cristo. Pero al disertar Pablo acerca de la justicia, del dominio propio y del juicio venidero, Félix se espantó, y dijo:*

Ahora vete; pero cuando tenga oportunidad te llamaré. Esperaba también con esto que Pablo le diera dinero para que le soltase; por lo cual muchas veces le hacía venir y hablaba con él. Pero al cabo de dos años recibió Félix por sucesor a Porcio Festo; y queriendo Félix congraciarse con los judíos, dejó preso a Pablo."

¡Qué mucha oportunidad le dio el Señor a Félix! La corrupción y el amor al dinero, le impidieron venir a Cristo. Pablo les habló de justicia, dominio propio y del juicio. Esto hirió la conciencia de su esposa adúltera.

Hirió también la conciencia del avaro gobernador. Por eso no pusieron atención al aviso del juicio que les esperaba. Lo que colmó la copa de su maldad fue dejar preso a Pablo por congraciarse con los judíos.

PABLO ANTE FÉLIX Y DRUSILA

CAPÍTULO # 25
Año 62

Versos 1-6: "Llegado, pues, Festo a la provincia, subió de Cesarea a Jerusalén tres días después. Y los principales sacerdotes y los más influyentes de los judíos se presentaron ante él contra Pablo, y le rogaron pidiendo contra él, como gracia que le hiciese traer a Jerusalén; preparando ellos una celada para matarle en el camino.

Pero Festo respondió que Pablo estaba custodiado en Cesarea, adonde él mismo partiría en breve. Los que de vosotros puedan, dijo, desciendan conmigo, y si hay algún crimen en este hombre, acúsenle. Y deteniéndose entre ellos no más de ocho o diez días, venido a Cesarea, al día siguiente se sentó en el tribunal, y mandó que fuese traído Pablo."

PABLO ANTE PORCIO FESTO

Porcio Festo fue puesto por Nerón en el año sesenta y dos. Cesarea era el centro político de la provincia romana de Siria, de la cual Judea formaba parte. Aunque ya hacían dos años que Pablo estaba preso, los judíos no le habían olvidado. El concilio le pidió que lo trajese a Jerusalén. Lo que ellos querían era matarlo; pero Festo conocía sus planes. Era mejor que fueran a Cesarea a hacerle un nuevo juicio.

Versos 7-12: "Cuando éste llegó, le rodearon los judíos que habían venido de Jerusalén, presentando contra él muchas y graves acusaciones, las cuales no podían probar; alegando Pablo en su defensa: Ni contra la ley de los judíos, ni contra el templo, ni contra César he pecado en nadadero Festo, queriendo congraciarse con los judíos, respondiendo a Pablo dijo: ¿Quieres subir a Jerusalén y allá ser juzgado de estas cosas delante de mí?

Pablo dijo: Ante el tribunal de César estoy, donde debo ser juzgado. A los judíos no les he hecho ningún agravio, como tú sabes muy bien. Porqués algún agravio, o cosa digna e muerte he hecho, no rehúso morir; pero si nada hay de las cosas de que éstos me acusan, nadie puede entregarme a ellos. A César apelo. Entonces Festo, habiendo hablado con el consejo, respondió: A César has apelado; A Cesar irás".

Festo sabía que los judíos querían llevar a Pablo a Jerusalén para matarlo en el Camino. Él pensaba que aunque Pablo era un ciudadano romano, era judío. "¿Qué era un judío menos? Después de todo la muerte de Pablo me puede ayudar políticamente con los judíos." El problema era que Pablo, no sólo era un abogado, sino que el Espíritu Santo lo dirigía. Por eso apeló a César para salvar su vida por un tiempo.

¿Por qué el Señor permitió que Pablo permaneciese preso? Pablo debía escribir. A él le gustaba viajar. Viajando no podía escribir. La enseñanza verbal tenía consecuencias temporales, pero la escrita tenía consecuencias eternas. Si él no hubiera escrito las maravillosas cartas a las iglesias, nosotros no tuviésemos hoy este maravilloso tesoro. El Señor quería que Pablo predicara, pero le interesaba más que escribiera.

Versos 13-15: "Pasados algunos días, el rey Agripa y Berenice vinieron a Cesarea para saludar a Festo. Y como estuvieron allí muchos días, Festo expuso al rey la causa de Pablo, diciendo: Un hombre ha sido dejado preso por Félix, respecto al cual, cuando fui a Jerusalén, se me presentaron los principales sacerdotes y los ancianos de los judíos, pidiendo condenación contra él."

Agripa y Berenice eran hermanos, hijos de Herodes Agripa 1, el que había dado muerte a Juan el Bautista. Berenice era una mujer de belleza extraordinaria. Los historiadores dicen que ella tenía una relación incestuosa con su hermano.

Versos 16-22: "A éstos respondí que no es costumbre de los romanos entregar alguno a la muerte antes que el acusado tenga delante a sus acusadores, y pueda defenderse de la acusación. Así que, habiendo venido ellos juntos acá, sin ninguna dilación, al día siguiente, sentado en el tribunal mandé traer al hombre.

Y estando presentes los acusadores, ningún cargo presentaron de los que yo sospechaba, sino que tenían contra él ciertas cuestiones acerca de su religión, y de un cierto Jesús, ya muerto, el que Pablo afirmaba estar vivo. Mas como Pablo apeló para que se le reservase el conocimiento de Augusto, mandé que le custodiasen hasta que le enviara yo a César. Entonces Agripa dijo a Festo: Yo también quisiera oír a ese hombre. Y él le dijo: Mañana le oirás."

Muchas de nuestras leyes civiles están basadas en estos códigos romanos. Los judíos tenían sus propias leyes civiles. Ellos la aplicaron a Esteban, pero no podían aplicarlas a los ciudadanos romanos como Pablo. Era por eso que pensaban asesinarlo en una emboscada camino de Jerusalén.

Pablo, conociendo sus maquinaciones, apeló a Cesar, o Augusto, que eran títulos de los reyes romanos. Agripa había oído hablar de Jesús, y deseaba saber más de él.

Versos 23-27: "Al otro día, viniendo Agripa y Berenice con mucha pompa, y entrando en la audiencia con los tribunos y principales hombres de la ciudad, por mandato de Festo fue traído Pablo. Entonces Festo dijo: Rey Agripa, y todos los varones que estáis aquí juntos con nosotros, aquí tenéis a este hombre, respecto del cual toda la multitud de los judíos me ha demandado en Jerusalén y aquí, dando voces que no debe vivir más.

Pero yo, hallando que ninguna cosa digna de muerte ha hecho, y como él mismo apeló a Augusto, he determinado enviarle a él. Como no tengo cosa cierta que escribir a mi señor, le he traído ante vosotros, y mayormente ante ti, oh rey Agripa, para que después de examinarle, tenga yo qué escribir. Porque me parece fuera de razón enviar un preso, y no informar de los cargos que haya en su contra."

El gobernador Festo se encontraba en un dilema. Él debía enviar a Pablo ante Nerón, pero no tenía de qué acusarle. Aquí recordamos que el Señor le había dicho a Ananías que Pablo llevaría su Nombre ante reyes. Todo se estaba cumpliendo al pie de la letra. Pablo les predicaría a los reyes; lamentablemente no para su salvación, sino para su perdición. Así nosotros no sabemos el resultado de nuestra predicación. Para unos somos olor de vida para vida, pero para otros, olor de muerte para muerte.

CAPITULO # 26
Año 62

Versos 1-7: "Entonces Agripa dijo a Pablo: Se te permite hablar por ti mismo. Pablo entonces, extendiendo la mano, comenzó así su defensa: me tengo por dichoso, oh rey Agripa, de que haya de defenderme delante de ti de todas las cosas de que soy acusado por los judíos. Mayormente porque tú conoces todas las costumbres y cuestiones que hay entre los judíos; por lo cual te ruego que me oigas con paciencia.

Mi vida, pues, desde mi juventud la cual desde el principio, pasé en mi nación, en Jerusalén, la conocen todos los judíos; los cuales también saben que yo desde el principio, si quieren testificarlo, conforme a la más rigurosa secta de nuestra religión, viví fariseo.
Y ahora, por la esperanza de la promesa que hizo Dios a nuestros padres soy llamado a juicio; promesa cuyo cumplimiento esperan que ha de alcanzar nuestras doce tribus, sirviendo constantemente a Dios de día y de noche. Por esta esperanza, oh rey Agripa, soy acusado por los judíos."

El rey Agripa concede a Pablo el derecho de defenderse por sí mismo. El habla directamente al rey, porque éste es conocedor de la religión judía. Él le dice que por causa del cumplimiento de la promesa hecha a los padres, es que está siendo acusado.

Versos 8-11: *"!Qué! ¿Se juzga entre vosotros cosa increíble que Dios resucite a los muertos? Y ciertamente había creído mi deber hacer muchas cosas contra el nombre de Jesús de Nazaret; lo cual también hice en Jerusalén. Yo encerré en cárceles a muchos de los santos, habiendo recibido poderes de los principales sacerdotes; y cuando los mataron, yo di mi voto. Y muchas veces, castigándolos en todas las sinagogas, los forcé a blasfemar; y enfurecido sobremanera contra ellos, los perseguí hasta en las ciudades extranjeras."*

Notamos que Pablo vuelve a usar el argumento de la resurrección. Él sabe que éste es el hueso de contienda entre fariseos y saduceos; por eso lo usa en su favor.

Los perseguidores de los creyentes creen estar haciendo un trabajo a favor de Dios. Note como los musulmanes matan a los cristianos creyendo esto. También en nuestros países muy católicos hay persecución encarnizada contra los creyentes. En Hidalgo, Méjico mataron a seis misioneros creyentes, ahorcándolos; entre ellos a los tíos de Moisés Secundino, el pastor de la Iglesia El Shadday de Clearwater, Florida.

Versos 12-18: "Ocupado en esto, iba yo a Damasco con poderes y en comisión de los principales sacerdotes, cuando al mediodía, oh rey, yendo por el camino, vi una luz del cielo que sobrepasaba el resplandor del sol, la cual me rodeó a mí y a los que iban conmigo. Y habiendo caído todos nosotros en tierra, oí una voz que me hablaba, y decía en lengua hebrea: Saulo, Saulo, ¿por qué me persigues? Dura cosa te es dar coces contra el aguijón.

Yo entonces dije: ¿Quién eres, Señor? Y el Señor dijo: Yo soy Jesús, a quien tú persigues. Pero levántate, y ponte sobre tus pies; porque para esto he aparecido a ti, para ponerte por ministro y testigo de las cosas que has visto, y de aquellas en que me apareceré a ti, librándote de tu pueblo, y de los gentiles, a quienes ahora te envío, para que abras sus ojos, para que se conviertan de las tinieblas a la luz, y de la potestad de Satanás a Dios, para que reciban, por la fe que es en mí, perdón de pecados y herencia entre los santificados."

Aquí Pablo relata lo que sucedió en su conversión. De perseguidor pasó a servidor. Él fue comisionado a predicar a los gentiles, quienes estaban sin Dios y sin esperanza en el mundo; sin derecho a los pactos y las promesas de los israelitas, sirviendo a los ídolos y a las fantasías de los hombres.

Los gentiles, hasta el sacrificio de Cristo; habían morado en profundas tinieblas espirituales y eran esclavos del diablo. Cristo vino a morir por todos, y a trasladarlos de la autoridad del príncipe de las tinieblas, al reino de la luz admirable de Dios.

Ellos iban a participar de la herencia con los santificados, por la fe en Cristo. Los santificados eran el pueblo israelita; separados para Dios por el pacto de sangre de Abraham. Los gentiles no tenían derecho al pacto; pero Cristo estableció un Nuevo Pacto en Su Sangre, en el cual pueden entrar tanto judíos como gentiles.

Ciertamente el diablo estaba enojado, pero es un enemigo derrotado; que pierde cada día mucho pueblo por la predicación del evangelio por los siervos y las siervas fieles en todo el mundo.

Es cierto que ya no vemos multitudes acudir al llamado del evangelio, como en los años pasados. Esto es así porque desde el año 1967, Jerusalén volvió a mano de los judíos; dejó de ser hollada por los gentiles. En Lucas 21:24, Jesús había dicho que la santa ciudad sería hollada por los gentiles hasta que se cumpliera el tiempo de los gentiles. ¿Se estará agotando la gracia extendida a los gentiles, ya que está tan cerca la venida de Cristo?

Versos 19-23: "Por lo cual, oh rey Agripa, no fui rebelde a la visión celestial, sino que anuncié primeramente a los que están en Damasco, y Jerusalén, y por toda la tierra de Judea y a los gentiles que se arrepintiesen y se convirtiesen a Dios, haciendo obras dignas de arrepentimiento.

Por causa de esto los judíos, prendiéndome en el templo, intentaron matarme. Pero habiendo obtenido auxilio de Dios, persevero hasta el día de hoy, dando testimonio a pequeños y a grandes, no diciendo nada fuera de las cosas que los profetas y Moisés dijeron que habían de suceder: Que el Cristo había de padecer, y ser primero en la resurrección de los muertos, para anunciar luz al pueblo y a los gentiles."

PABLO ANTE EL REY AGRIPA Y BERENICE: AGRIPA DIJO: "POR POCO ME PERSUADES A SER CRISTIANO"

¡Qué hermoso testimonio! Las palabras de Pablo resuenan a través de los siglos, y llegan a nosotros hoy como una dulce medicina que sana nuestras vidas y las enriquece.

¡Qué dureza de corazón el de aquellos que estaban escuchando tan maravilloso testimonio! Aquí tenemos que detenernos y meditar en la maravillosa gracia del Señor hacia nosotros.

Si Él no hubiera derramado su gracia, nosotros como ellos hubiésemos tenido los oídos espirituales cerrados y no hubiésemos venido a Cristo.

El inconverso no puede escuchar el evangelio. Sus oídos están tapados. Ellos oyen el rumor de las palabras, pero ahogadas; no las comprenden. Es el Espíritu Santo quien rompe el poder del diablo, y su gracia hace que la persona acepte a Cristo. Entonces es que se abren sus oídos para entender el evangelio. Tenemos que prenderlos por engaño.

¿Quién de los hispanos no ha oído de Cristo? Malo o bueno. Es mejor preguntarle si creen que Cristo murió por ellos en la cruz; y si creen que resucitó de los muertos. Si la respuesta es ¡SI! Entonces oramos por ellos, haciendo que repitan las palabras nuestras.

No les hablemos de sus ídolos. No le podemos quitar las muletas de las imágenes antes de que reciban a Cristo, porque cierran su corazón y sus oídos. Démosle a Cristo, y ellos botarán sus ídolos por sí solos.

Versos 24-29: "Diciendo él estas cosas en su defensa, Festo a gran voz dijo: Estás loco, Pablo; las muchas letras te vuelven loco. Mas él dijo: No estoy loco, excelentísimo Festo, sino que hablo palabras de verdad y de cordura.

Pues el rey sabe estas cosas, delante de quien también hablo con toda confianza. Porque no pienso que ignora nada de esto; pues no ha hecho esto en ningún rincón. ¿Crees, oh rey Agripa, a los profetas?

Yo sé que crees, Entonces Agripa dijo a Pablo: Por poco me persuades a ser cristiano. Y Pablo dijo: ¡Quisiera Dios que por poco o por mucho, no solamente tú, sino también todos los que hoy me oyen, fueseis hecho tales cual yo soy, excepto estas cadenas!"

¿Se ha dado cuenta de cuán tupidos estaban los oídos de la gente en aquella corte? El gobernador llama a Pablo, loco. El rey entendía lo que Pablo decía, pero su corrupción le detuvo de aceptar a Cristo. Así muchos hoy, enamorados y casados con sus pecados, no quieren saber de Cristo.

En Juan 3: 18-19; Jesús dijo: "El que en él cree no es condenado, pero el que no cree ya ha sido condenado, porque no ha creído en el nombre del unigénito hijo de Dios. Y esta es la condenación: que la luz vino al mundo, y los hombres amaron más las tinieblas que la luz, porque sus obras eran malas. Porque todo aquel que hace lo malo, aborrece la luz y no viene a la luz, para que sus obras no sean reprendidas."

Este era el triste caso de aquellos que estaban presentes en aquel juicio. Dios le dio la oportunidad de ser salvos, pero ellos, con sus palabras, sellaron su destino eterno. ¿Dónde estarán ahora?

Versos 30-32: "Cuando había dicho estas cosas, se levantó el rey, y el gobernador, y Berenice, y los que estaban sentados con ellos; y cuando se retiraron aparte, hablaban entre sí diciendo: Ninguna cosa digna ni de muerte ni de prisión ha hecho este hombre, Y Agripa dijo a Festo: Podía este hombre ser puesto en libertad, si no hubiera apelado a Cesar."

No estaba de moda era ser cristiano. ¿Se habría equivocado el Señor al permitir que Pablo apelara a Cesar? Seguramente que no. A Pablo le faltaba predicarle a Nerón; y como Jonás fue llevado cautivo a Roma.

CAPITULO # 27
Año 62

Verso 1: "Cuando se decidió que habíamos de navegar para Italia, entregaron a Pablo y a algunos otros presos a un centurión llamado Julio, de la compañía Augusta."

El centurión Julio era de la compañía Augusta; un regimiento distinguido del ejército romano. Este era un hombre de carácter superior en bondad, justicia y consideración de los demás. Lucas y Aristarco acompañaban a Pablo.

Versos 2-10: "Y embarcándonos en una nave adramitena que iba a tocar puertos en Asia, zarpamos, estando con nosotros Aristarco, macedonio de Tesalónica.

Al otro día llegamos a Sidón; y Julio, tratando humanamente a Pablo, le permitió que fuese a los amigos, para ser atendido por ellos. Y haciéndonos a la vela desde allí, navegamos a sotavento de Chipre, porque los vientos eran contrarios.

Habiendo atravesado el mar frente a Cilicia y Panfilia, arribamos a Mira, ciudad de Licia. Y hallando allí el centurión una nave alejandrina que zarpaba para Italia, nos embarcó en ella. Navegamos muchos días, despacio, y llegando a duras penas frente a Gnido, porque nos impedía el viento, navegamos a sotavento de Creta frente a Salmón.

Y costeándola con dificultad, llegamos a un lugar que llaman Buenos Puertos, cerca del cual estaba la ciudad de Lasea. Y habiendo pasado mucho tiempo, y siendo la peligrosa la navegación, por haber pasado ya el ayuno, Pablo les amonestaba, diciéndoles: Varones, veo que la navegación va a ser con perjuicio y mucha pérdida, no sólo del cargamento y de la nave, sino también de nuestras personas."

Este es el tercer viaje de Pablo. Hay un grande beneficio cuando un ministro va en el barco. El viento les era contrario, el viaje muy largo. Tenían que estar cambiando de barcos. Y todos eran barcos de vela, impulsados por el viento. Pablo veía el peligro que se aproximaba. El ayuno parece haber sido el del día de la Expiación.

Versos 11-13: "Pero el centurión daba más crédito al piloto y al patrón de la nave, que a lo que Pablo decía. Y siendo incómodo el puerto para invernar, la mayoría acordó zarpar también de allí, por si pudiesen arribar a Fenice, puerto de Creta que mira al nordeste y al sudeste, e invernar allí."

¿Qué sabía Pablo de navegación? Este les decía que se quedaran en Creta hasta que pasara el peligro. El centurión pensaba que éste no sabía nada. Sin embargo, Pablo había navegado mucho. Este era su tercer viaje. El conocía muy bien la isla de Creta. Además tenía la dirección del Espíritu Santo; quien le avisaba que iban a estar en peligro, pero el centurión no sabía nada de esto.

Versos 13-15: "Y soplando una brisa del sur, pareciéndole que ya tenían lo que deseaban, levaron anclas e iban costeando Creta. Pero no mucho después dio contra la nave un viento huracanado llamado Euroclidón. Y siendo arrebatada la nave, y no pudiendo poner proa al viento, nos abandonamos a él y nos dejamos llevar."

Cuando creían que estaban a salvo por el viento del sur, llegó un viento del nordeste, una tempestad con tornado que llevó la nave a la deriva. Recuerde que la gente no conocía nada de los fenómenos del Niño en el océano Pacífico, ni de la Niña en el Atlántico. Ellos iban por el Mar Mediterráneo con el equipo primitivo.

EL BARCO A LA DERIVA, AZOTADO POR VIENTOS CONTRARIOS

Versos 16- 20: "Y habiendo corrido a sotavento de una isla llamada Claudia, con dificultad pudimos recoger el esquife. Y una vez subido a bordo, usaron de refuerzos para ceñir la nave; y teniendo temor de dar en la Sirte, arriaron las velas y quedaron a la deriva.

Pero siendo combatidos por una furiosa tempestad, al siguiente día comenzaron a alijar, y al tercer día con nuestras propias manos arrojamos los aparejos de la nave. Y no apareciendo ni sol ni estrellas por muchos días, y acosados por una tempestad no pequeña, ya habíamos perdido toda esperanza de salvarnos."

Habiendo dejado ir la nave a la orilla de la isla de Claudia, al sur de Creta, a duras penas pudieron recoger el esquife que controlaba la nave.
La tempestad arreciaba: Si no hubiera ido Pablo en la nave, seguro que hubieran perdido la vida, pero Dios tenía planes con Pablo, y sus compañeros participaron de la bendición. Es de gran beneficio que un ministro vaya en el barco.

Aquí veremos lo que significan algunas de estas palabras:

Sotavento; cerca de la playa.
Esquife: control cilíndrico.
Sirte: banco de arena o rocas.
Alijar: aliviar la carga
Aparejos: cables y sogas.

Versos 21-22: "Entonces Pablo, como hacía ya mucho que no comíamos, puesto en pie en medio de ellos, dijo: Habrá sido por cierto conveniente, oh varones, haberme oído, y no zarpar de Creta tan sólo para recibir este perjuicio y pérdida. Pero ahora os exhorto a tener buen ánimo, pues no habrá ninguna pérdida de vida entre vosotros, sino solamente la nave."

Lucas relata como Pablo les aconsejaba a tener buen ánimo en medio de las amenazadoras circunstancias. Ninguno perecería; solamente la nave se perdería en el mar embravecido. No era fácil seguir el consejo, cuando el viento sacudía la nave y amenazaba arrojarla contra las rocas y los bancos de arena.

Versos 23-26: "Porque esta noche ha estado conmigo el ángel de Dios de quién soy y a quien sirvo, diciendo: Pablo, no temas; es necesario que comparezcas ante Cesar; y he aquí, Dios te ha concedido todos los que navegan contigo.

Por tanto, oh varones, tened buen ánimo: porque yo confío en Dios que será así como se me ha dicho. Con todo, es necesario que demos en alguna isla."

En medio de la oscuridad, el viento, la nave sin rumbo, no era fácil tener buen ánimo. Todos estaban aterrados, y sentían que corrían a una muerte segura. Ellos miraban las circunstancias y estaban desesperados. Pablo aprovechó la oportunidad para hablar de Cristo.

El Señor le había dicho que no iban a perecer. Dios se los había dado a Pablo. Ellos verían el milagro, y recibirían el evangelio. ¿Lo creerían aquellos desesperados viajeros con su capitán y el centurión? Entonces les explicó la visión y la promesa.

Así muchas veces estamos pasando por grandes dificultades. Todo parece oscuro y sin salida, pero tenemos la promesa en la Palabra de Dios; y por su gracia podemos levantarnos por encima de las circunstancias en alas de la fe y la confianza en Dios. Nuestro grito de victoria es: "Esto también pasará, porque Dios está en control."

Verso 27-29: "Venida la decimocuarta noche, y siendo llevador a través del mar Adriático, a la medianoche los marineros sospecharon que estaban cerca de la tierra; y echando la sonda, hallaron veinte brazas; y pasando un poco más adelante, volviendo a echar la sonda, hallaron quince brazas. Y temiendo dar en escollos, echaron cuatro anclas por la popa, y ansiaban que se hiciese de día."

Ya hacía catorce días que estaban a la deriva. No podemos imaginar el terror de los tripulantes de aquel navío. Después de salir de la isla de Claudia, dejaron el Mar Mediterráneo y entraron en el Adriático. De Claudia a la isla de Malta, había más de mil kilómetros. Entonces decidieron echar cuatro anclas para sostener el barco y no dejarlo a la deriva.

Versos 30-32: "Entonces los marineros procuraron huir de la nave, y echando el esquife al mar, aparentaban como que querían largar las anclas de proa.

Pero Pablo dijo al centurión y a los soldados: Si éstos no permanecen en la nave, vosotros no podéis salvaros. Entonces los soldados cortaron las amarras del esquife y lo dejaron perderse."

Los soldados cortaron las cuerdas del barco. Echando medidas se daban cuenta que estaban cerca de la costa. Entonces muchos quisieron tratar de llegar a la costa nadando. Pablo avisó al centurión del peligro que corrían si la gente se echaba al mar.

PABLO Y EL MILAGRO DEL PAN ENTRE 276 PERSONAS

Versos 33-38: "Cuando comenzó a amanecer, Pablo exhortaba a todos que comiesen, diciendo: Este es el decimocuarto día que veláis y permanecéis en ayunas, sin comer nada. Por tanto, os ruego que comáis por vuestra salud; pues ni aun un cabello de la cabeza de ninguno de vosotros perecerá.

Y habiendo dicho esto, tomó el pan y dio gracias a Dios en presencia de todos, y partiéndolo, comenzó a comer. Entonces todos, teniendo ya mejor ánimo, comieron también. Y éramos todas las personas en la nave doscientas setenta y seis. Y ya satisfechos, aligeraron la nave, echando el trigo al mar."

El agua lo había inundado todo. Sólo un poco de pan fue multiplicado en manos de Pablo. Catorce días de ayuno. Es seguro que bebían agua, porque no hubieran durado tanto vivos. 276 personas en el barco a la deriva. Sin embargo, Pablo sabía que todos vivirían, porque Dios se lo había dicho. ¡Que bendición es tener un siervo de Dios en el barco!

Versos 40-42: "Cuando se hizo de día, no reconocían la tierra, pero veían una ensenada que tenía una playa, en la cual acordaron varar, si pudiese la nave. Cortando, pues, las anclas, las dejaron en el mar, largando también las amarras del timón; e izada al viento la vela de proa, enfilaron hacia la playa.

Pero dando en un lugar de dos aguas, hicieron encallar la nave; y la proa, hincada, quedó inmóvil. Y la popa se abría con la violencia del mar. Entonces los soldados acordaron matar a los presos, para que ninguno se fugase nadando."

Cuando amaneció vieron una pequeña bahía donde se encontraban dos mares. Cortando las anclas y las amarras del timón enfilaron la nave a tierra. Mas al romperse la popa y la nave partirse, los soldados decidieron matar a los presos. Si escapaban éstos, los soldados pagarían con sus propias vidas.

Versos 43-44: "Pero el centurión, queriendo salvar a Pablo, les impidió el intento, y mandó que los que pudiesen nadar se echasen los primeros, y saliesen a tierra. Y los demás, parte en tablas, parte en cosas de la nave. Y así aconteció que todos se salvaron saliendo a tierra."

Aquí notamos la misericordia de Dios manifestada en el corazón del centurión. El impidió que los soldados mataran a los presos, de los cuales Pablo formaba parte. Aquí vemos que Dios salvó a los presos por amor a Pablo, y Julio salvó a los presos por causa de Pablo. Todos los tripulantes se salvaron, como Dios había dicho.

Cuando nos damos cuenta de la fragilidad de un barco de vela, sin motores, cruzando un mar tan bravío como el Adriático, nos sorprendemos que todos sobrevivieran; que la débil nave, azotada por los huracanes de catorce días, no fuera hecha añicos.

Si la comparamos a los barcos pesqueros del sur y del norte, que son tragados por las olas inmensas, no podemos dejar de adorar a Dios por las maravillas de este viaje milagroso. Fue por eso que el Espíritu Santo inspiró a Lucas a dejar un registro tan detallado de esta increíble aventura.

EL NAUFRAGIO EN LA ISLA DE MALTA, AL SUR DE ITALIA

CAPITULO # 28
Año 62-63.

Versos 1-6: "Estando ya a salvo, supimos que la isla se llamaba Malta. Y los naturales no trataron con no poca humanidad; porque encendiendo un fuego, nos recibieron a todos, a causa de la lluvia que caía, y del frío.

Entonces, habiendo recogido Pablo algunas ramas secas, las echó al fuego; y una víbora, huyendo del calor, se le prendió de la mano.

Cuando los naturales vieron la víbora colgando de su mano, se decían unos a otros: Ciertamente este hombre es homicida, a quien, escapado del mar, la justicia no deja vivir.

Pero él, sacudiendo la víbora en el fuego, ningún daño padeció. Ellos estaban esperando que él se hinchase, o cayese muerto de repente; mas habiendo esperado mucho, viendo que ningún mal le venía, cambiaron de parecer y dijeron que era un dios."

Al fin los náufragos llegaron a tierra. Los nativos eran hospitalarios. ¿Por qué la víbora se prendió de Pablo y no de cualquier otro preso? El Señor siempre está en control. Esta era la oportunidad para atraer la atención de aquella gente hacia Pablo.

No olvidemos que en el Señor no existen casualidades. Además el Señor había dicho que los creyentes tomarían en las manos serpientes, y éstas no les harían daño.

Pablo no había tomado la serpiente, como para dar una demostración de poder, sino que fue un accidente. Los del país pensaban que era un dios, porque la mordedura no le afectó en nada.

PABLO MORDIDO POR LA VÍBORA

Versos 7- 10: "En aquellos lugares había propiedades del hombre principal de la isla, llamado Plubio, quien nos recibió y hospedó solícitamente tres días. Y aconteció que el padre de Plubio estaba en cama enfermo de fiebre y de disentería; y entró Pablo a verle, y después de haber orado, le impuso las manos, y le sanó.

Hecho esto, también los otros que en la isla tenían enfermedades, venían, y eran sanados; los cuales también nos honraron con muchas atenciones; y cuando zarpamos, nos cargaron de las cosas necesarias."

La noticia del milagro de la víbora, abrió las puertas a Pablo, no sólo de los corazones, sino también de Plubio y de su padre, a quien el Señor sanó. Esto dio como resultado que los enfermos vinieron a ser sanados, y oyeron el evangelio. En la remota isla de Malta, se formó la iglesia.

Verso 11: "Pasador tres meses, nos hicimos a la vela en una nave alejandrina que había invernado en la isla, la cual tenía por enseña a Cástor y Pólux."

Tres meses en la isla de Malta, fueron suficientes para establecer a los creyentes, pero debían continuar su viaje. La nave egipcia los llevaría a Roma. La bandera de la nave tenía el emblema de Cástor y Pólux, los dioses mitológicos de las mareas, hijos de Zeus. Estos son representados por la constelación de Géminis.

Versos 12-15: "Y llegados a Siracusa estuvimos allí tres días. De allí costeando alrededor, llegamos a Regio; y otro día después, soplando el viento sur, llegamos al segundo día a Puteoli, donde habiendo llegado hermanos, nos rogaron que nos quedásemos con ellos siete días; y luego fuimos a Roma, de donde, oyendo de nosotros los hermanos, salieron a recibirnos al foro de Apio y las Tres Tabernas; y la verlos, Pablo dio gracias a Dios y cobró aliento."

Siracusa es una ciudad principal de la isla de Sicilia, al suroeste de Italia. Aun les faltaba un largo trecho que recorrer por el Mar Tirreno. En Puteoli, al sur de la ciudad de Roma, había dos grupos de hermanos.

Un grupo había viajado cuarenta y tres millas al sur de Roma hasta el Foro de Apio. El otro grupo viajó treinta y tres millas hasta las Tres Tabernas. Pablo estuvo con ellos siete días instruyéndolos.

Versos 16-20: "Cuando llegamos a Roma, el centurión y los presos al prefecto militar, pero a Pablo se le permitió vivir aparte, con un soldado que le custodiase. Aconteció que tres días después, Pablo convocó a los principales de los judíos, a los cuales, luego que estuvieron reunidos, les dijo:

Yo, varones hermanos, no habiendo hecho nada contra el pueblo, ni contra las costumbres de nuestros padres, he sido entregado preso desde Jerusalén en manos de los romanos; los cuales, habiéndome examinado, me querían soltar, por no haber en mí ninguna causa de muerte.

Pero oponiéndose los judíos, me vi obligado a apelar a César; no porque tenga de qué acusar a mi nación. Así que por esta causa os he llamado para veros y hablaros; porque por la esperanza de Israel estoy sujeto con esta cadena."

El centurión había sido testigo de los milagros hechos por mano de Pablo, y se había convertido en su discípulo. Por esto los trataba bien. Pablo volvió a reunir a los judíos. A ellos se les ofrecería el evangelio primero, había dicho Jesús.

Versos 21-24: "Entonces ellos dijeron: Nosotros ni hemos recibido de Judea cartas acerca de ti, ni ha venido alguno de los hermanos que yaya denunciado o hablado algún mal de ti. Pero querríamos oír de ti lo que piensas; porque de esta secta nos es notorio que en todas partes se habla contra ella.

Y habiéndoles señalado un día, vinieron muchos a la posada, a los cuales les declaraba y les testificaba el reino de Dios desde la mañana hasta la tarde, persuadiéndolos acerca de Jesús, tanto por la ley de Moisés como por los profetas. Y algunos asentían a lo que se decía, pero otros no creían."

Las noticias acerca de Pablo no habían llegado a los judíos de Roma. Sus mentes no habían sido contaminadas por los que se oponían, así que estaban en libertad de recibir o rechazar el evangelio que Pablo les predicaba con demostraciones del Pentateuco y los Profetas, que hablan de Cristo. Algunos recibían pero otros se endurecían.

Versos 25-28: "Y como no estuviesen de acuerdo entre sí, al retirarse les dijo Pablo esta palabra: Bien habló el Espíritu santo por medio del profeta Isaías a nuestros padres, diciendo: Ve a este pueblo y diles: De oído oiréis, y no entenderéis; Y viendo veréis y no percibiréis;

Porque el corazón de este pueblo se ha engrosado, Y con los oídos oyen pesadamente, Y sus ojos se han cerrado, para que no vean con los ojos, Y oigan con los oídos, y entiendan de corazón, Y se conviertan, y yo los sane. Sabed, pues, que a los gentiles es enviada esta salvación de Dios; y ellos oirán."

Pablo les cita la Escritura de Isaías 6: 9-10. Esto se cumplió en aquel tiempo, y se cumple en este tiempo. Lo que los judíos rechazaron, los gentiles lo recibirían con gozo.

Versos 20-31: "Y cuando hubo dicho esto, los judíos se fueron, teniendo gran discusión entre sí. Y Pablo permaneció dos años enteros en una casa alquilada, y recibía a todos los que a él venían, predicando el reino de Dios y enseñando acerca del Señor Jesucristo, abiertamente y sin impedimento."

Los eventos de la vida de Pablo después del cierre del libro de los Hechos, se vislumbran en sus cartas. Se cree que después de estar en Roma dos años, compareció ante Nerón y fue dejado en libertad.

Entonces se embarcó en su cuarto viaje misionero visitando Colosas y Éfeso. Macedonia, (1 Tim. 1:3, Fil.1:25-2:24). Éfeso; (1 Tim. 3:14). España: (Rom.15:24). Creta: (Tito 1:5). Corinto: (2 Tim.4:20). Mileto: (2 Tim. 4:20).

No sabemos cuándo, ni por qué volvió a ser arrestado, sólo sabemos que volvió a Roma en calidad de prisionero; que su cautiverio fue más malo que el primero, (2 Tim.2:9).

Muchos de sus compañeros le abandonaron, (2 Tim. 4:8-11), y que el tiempo de su partida estaba cercano, (Tim. 4: 6-8). La tradición cuenta que fue decapitado en Roma entre los años 67 y 68.

PABLO PRESO: PARA QUE ESCRIBIERA LAS EPÍSTOLAS

En el año 70, Jerusalén fue destruida por los romanos, en el año 79, el volcán Vesubio destruyó las ciudades de Pompeya, Stabiac y Herculano.

Estas eran ciudades de veraneo de las clases sociales más elevadas del imperio romano. Sus momias petrificadas son un testimonio vivo de la ira divina, tal vez por el asesinato del gran Apóstol Pablo, y de los creyentes a quienes el perverso Nerón impalaba para alumbrar con sus cuerpos el parque de Roma.

PABLO, DECAPITADO EN ROMA POR ORDEN DE NERÓN

EL MENSAJE DEL LIBRO DE LOS HECHOS

Después de estudiar el libro de los Hechos, debemos revisar los principios de los cristianos primitivos. ¿Qué caracterizaba a los creyentes individuales y a las iglesias locales?

Es obvio que todas las inclinaciones de los creyentes primitivos eran Cristo céntricos. El motivo principal de su existencia era hablar de Cristo, ser sus testigos. Ellos eran celosos del evangelio y daban su vida por él. Ellos sólo entraban en contacto con los inconversos para llevarle el mensaje del evangelio.

Las iglesias eran autónomas. No dependían de concilios. Sin embargo tenían comunión con otras congregaciones. Sus actividades incluían: adoración, estudio, oración, Santa Cena, y confraternidad.
Ellos se reunían en las casas, y donde se les diera oportunidad; en sinagogas, mercados, en las calles, y en las prisiones. Ninguno estaba buscando tener templos lujosos. (Esto vino con el catolicismo).

Los líderes eran puestos después de mucha oración y ayuno. Hoy, si no se tiene un doctorado en Teología, no puede dirigir una congregación. El estudio de la teología en la universidad, es una forma de denigrar la Biblia, y negar su veracidad. El que estudia teología en la universidad; si no tiene raíces fuertes, se vuelve ateo. ¡Sus maestros son ateos!

El libro no terminó de escribirse, porque es la Historia de la Iglesia; y ésta continúa en la tierra.

Puede que usted no esté de acuerdo con mi interpretación de este Libro, pero recuerde que nadie tiene toda la Verdad. Esto es así para que nos necesitemos unos a los otros. Dios le da un poco a uno, y otro poco a otros, para que comparando Escritura con Escritura, lleguemos a descubrir la Verdad.

El que está establecido en que su conocimiento es el único verdadero, detiene su desarrollo espiritual, porque la Palabra es una fuente inagotable.

Tampa Florida Mayo 2016

Proof

Made in the USA
Charleston, SC
30 May 2016